Kleine Geschichte Niederbayerns

Gerald Huber

Kleine Geschichte Niederbayerns

Verlag Friedrich Pustet
Regensburg

Umschlagmotiv:
Lager der Österreicher an der Donau bei Osterhofen 1742.
Zeitgenössisches Gemälde aus dem Oberhausmuseum Passau.
Foto: Toni Schneiders/INTERFOTO.

Bibliografische Information der Deutschen Nationalbibliothek

Die Deutsche Nationalbibliothek verzeichnet diese Publikation
in der Deutschen Nationalbibliografie; detaillierte bibliografische
Angaben sind im Internet über http://dnb.d-nb.de abrufbar.

www.pustet.de

2. überarbeitete u. ergänzte Auflage 2010
ISBN 978-3-7917-2048-7
© 2007 by Verlag Friedrich Pustet, Regensburg
Umschlaggestaltung: Kulturdesign Anna Braungart, Tübingen
Gesamtherstellung: Friedrich Pustet, Regensburg
Printed in Germany 2010

Inhalt

Vorwort 9

An Wald und Flüssen: Topographie 11

   Der Pfahl 11

Europäisches Niederbayern: Ur- und Frühgeschichte . . . 14

   Am Anfang war der Stein 14

   Blick zu den Sternen 18

   Frühe Himmelsbeobachtung 19

   Das „Goldene Zeitalter" 23

   Das „Eherne Zeitalter": die Kelten 26

   Keltenplätze 27

Von Augustus bis Severin: Römisches Niederbayern 29

   Die Donau als Grenze 29

   Eining und der Limes 29

   Das Staatsbad in Gögging 32

   Unruhige Zeiten 33

   Schatzfunde 34

   Die „Baiovarii" und das Ende der Römerherrschaft . 34

   Römisches Erbe 38

Kernland der Bayern: Frühes Mittelalter 40

   Zwischen den Fronten: die Bajuwaren 40

   Christliche Mission 43

   Kulturtraditionen 44

   Wanderbischöfe 46

   Die Entdeckung des Waldgebirges 48

   Die tassilonische Katastrophe 49

   „Bruder Romuald" 50

Herzogsland, Bischofsland, Reichsland:
Das Hochmittelalter 52

Die Ungarn kommen 52
Fliehburgen 53
Stephan und Gisela 54
Goldsucher 56
Königliches Kronland und Welfenherzogtum 57
Die Stadt Deggendorf 58
Niederbayerischer Adel 60
Kulturblüte 61
Neidhart von Reuental 63
Die Stadt Passau 69

„Des Heiligen Römischen Reichs Rosengärtlein":
Spätes Mittelalter 71

Wittelsbacher auf dem Thron 71
Die Stadt Landshut 75
Niederbayerische Juden 77
Die „Gründung" Niederbayerns 78
Bayerische Farben 79
Konradin, der letzte Staufer 80
Ludwig der Bayer und seine Erben 82
Die Ottonische Handveste 83
Das Stadtwappen Landshuts 84
Die letzte Ritterschlacht 85
Erneute Landesteilungen 87
Haupt- und Residenzstadt Straubing 88
Niederbayerische Gotik 91
St. Martin zu Landshut 92
„Wult gott!" – Herzog Heinrich der Reiche 94
Die Hussiten 95
Die Bernauerin 96
„Du freyst mich!" – Herzog Ludwig der Reiche . . . 97
Die Schinderlingszeit 98
Die Universität 99
Die Landshuter Hochzeit 101
„Wie gott will!" – Herzog Georg der Reiche 102
Der Burghausener Schatz 103

Bavaria inferior: Frühe Neuzeit 105

Renaissance in Niederbayern 105
Italienische Renaissance 107
Der Abenteurer Ulrich Schmidl 111
Jakob Sandtners Stadtmodelle 113
Reformation 113
Georg Rörer 114
Krieg um den rechten Glauben 117
Salzhandel 118
Zwischen Leben und Tod: der Triumph des Barock . 120
Der Passauer Dom 121
Aufstand gegen die Österreicher 125
Trenck der Pandur 128
Niederbayerisches Rokoko 129
Emanuel Schikaneder 131

„Weg mit den alten Zöpfen!":
Niederbayern im Königreich 135

Die Ära Napoleons 135
Joseph Fraunhofer 138
Der Infanterist Deifl 140
„Landshuter Romantik" 142
Die Brentanos 143
„Auf den Flügeln des Dampfrosses" 146
Sigharts Eisenbahnbüchlein 147
Das Triftsystem im Bayerischen Wald 149
Siegeszug des Hopfens 150
Im Reich 151
Rathaussäle 152
Hazzi über Hygiene 154

Krieg und Frieden: Das 20. Jahrhundert 157

In Krieg und Diktatur 157
Judenverfolgung 162
Nachkriegszeit: Aufsteiger Niederbayern 164
Kachletwerk 165
Thermenland 168

Kulturland in Mitteleuropa 170
Der Roider Jackl 172
Politischer Aschermittwoch 173
Anna Wimschneider 176

Ausblick 178

Zeittafel 179
Niederbayerische Herzöge 184
Regierungspräsidenten 185
Bezirkstagspräsidenten seit 1945 186
Karte 186
Dank 187
Literatur in Auswahl 188
Internetadressen 190
Register 191
  – Personen 191
  – Orte 196
Bildnachweis 200

Vorwort

Aus der Nähe betrachtet wird jedes althergebrachte und ver-
meintlich genau umrissene Bild unscharf: Niederbayern ist
als eng definierter bayerischer Regierungsbezirk ein Kind des
19. Jahrhunderts. Nach den Stürmen der Napoleon-Zeit, nach
der Umformung Bayerns in ein säkulares Königreich, wurde
der Regierungsbezirk Niederbayern 1837 als einer von ehemals
acht bayerischen Bezirken aus der Taufe gehoben. Nur ganz
ungefähr stimmt dieses neue Niederbayern mit dem alten ge-
wachsenen bairischen Unterland überein. Im Westen und Süden
kamen damals große Teile des Unterlands um Erding und
Altötting zu Oberbayern. Das Innviertel, klassischer Bestandteil
Niederbayerns seit den Anfängen im Hochmittelalter, gehörte
seit einigen Jahrzehnten gar zu Österreich. Im Gegenzug
wurden dem neuen Regierungsbezirk Bruchstücke der ehemaligen Hochstifte zugeschlagen, als wichtigstes darunter die alte
Bischofsstadt Passau mit ihrem Umland. Seitdem haben sich die
Grenzen Niederbayerns nur noch wenig verändert.

Zuvor war Niederbayern jahrhundertelang das Synonym
für das bairische Unterland, das flachere Bayern am Mittel-
und Unterlauf der großen Flüsse Inn, Isar und Donau, im
Gegensatz zum Oberland, dem Land im und am Gebirg. Entsprechend galt „Niederbayern" eher als Bezeichnung für eine
Region, deren Grenzen nicht näher bestimmt waren, wenn-
gleich sich in der frühen Neuzeit, nach der Ära der bayerischen
Teilungen, noch längere Zeit eine Art frühes eigenstaatliches
Bewusstsein in Niederbayern feststellen lässt.

Eine „Kleine Geschichte Niederbayerns" kann also nicht nur
den Werdegang des Gebiets beschreiben, das den heutigen
Regierungsbezirk bildet. Sie muss zahlreiche andere Landstriche und Städte beachten, die heute längst nicht mehr zum
politischen Niederbayern gehören; und natürlich darf eine
solche kleine Geschichte nicht die großen Zusammenhänge mit
der bayerischen, der deutschen, der europäischen Geschichte

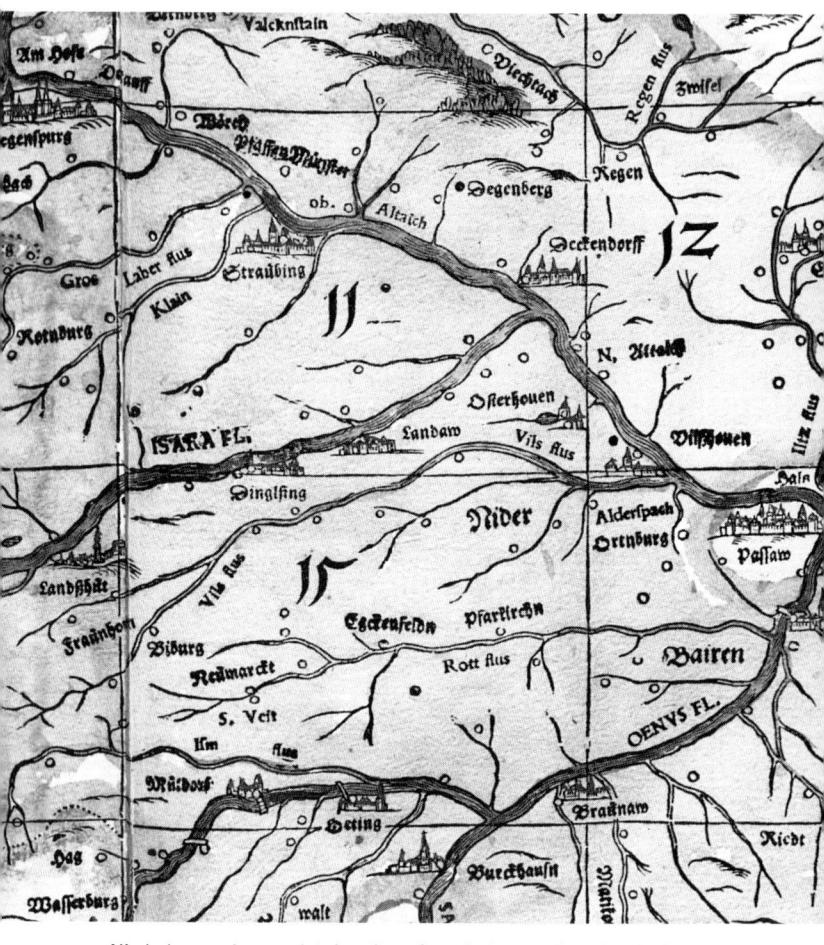

Niederbayern im 16. Jahrhundert. Ausschnitt aus den „Landtafeln" von Philipp Apian, 1568.

außer Acht lassen. Niederbayerische Geschichte ist – wie kaum eine zweite – mitteleuropäische Geschichte; und die heutige niederbayerische Wirklichkeit ist nur ein kleiner Ausschnitt von Möglichkeiten, die dieser Landstrich im Lauf seiner Geschichte hatte. Davon handelt unsere „Kleine Geschichte".

An Wald und Flüssen: Topographie

Weckenförmig liegt Niederbayern auf der heutigen bayerischen Landkarte. Feste natürliche Grenzen im Osten: Der Inn und der Hauptkamm des Bayerischen Waldes. Im Westen allerdings fehlen diese natürlichen Grenzen. Da scheint es heute, wie in vergangenen Zeiten, eine Frage der Definition, wo das Oberland aufhört und das Unterland anfängt. Im Nordwesten greift Niederbayern seit der bayerischen Gebietsreform 1972 in den Altmühljura hinein, in ehemals Oberpfälzer Gebiet, im Südwesten gehören mit dem Isengau und dem Erdinger Land klassische Teile Niederbayerns politisch zu Oberbayern. Die Westgrenzen der heutigen Landkreise Kelheim, Landshut und Rottal-Inn sind auf weite Strecken willkürliche Produkte des 19. und 20. Jahrhunderts. Aber auch topographisch ist Niederbayern keine einheitliche Region. Neben den Mittelgebirgen, dem Altmühljura und dem Bayerischen Wald im Norden, zeigen die Landschaften an der Donau mit der weiten Talebene, dem Gäuboden, und das südliche Hügelland an Isar, Rott und Inn ganz unterschiedliches Gepräge.

Der niederbayerische Abschnitt des Böhmerwaldgebirges, der Bayerische Wald, ist der erdgeschichtlich älteste Teil Niederbayerns. Schon zum Ende der Erdurzeit, vor rund 600 Millionen Jahren, haben sich aus erkalteten Magmamassen des Erdinnern erstarrte Gesteine gebildet, die später zu Gebirgen, mit sogenannten Gneisen gefaltet wurden. Die Reste dieser im Lauf von Jahrmillionen verwitterten Gebirge, von den Fachleuten „Böhmische Masse" genannt, haben sich im folgenden Erdaltertum erneut gehoben.

Der Pfahl

Bei der Hebung der „Böhmischen Masse" drang entlang einer Störungszone heißes Wasser mit gelöster Kieselsäure in das Gestein. Beim Erkalten dieser Lösung bildete sich im Bereich der Störungszone eine regelrechte Quarzwand aus. Dieser Quarz verwitterte nicht so leicht wie die umgebenden Gesteinsschichten, die im Lauf von Jahrmillionen abgetragen wurden. So entstand die spektakuläre Quarzmauer des „Bayerischen Pfahls", die sich über eine Länge von 150 Kilometer von der Gegend bei Freyung bis weit hinauf in die Oberpfalz zieht und zu den bedeutendsten geologischen Sehenswürdigkeiten Mitteleuropas gehört. Neben zahlreichen Tier- und Pflanzenarten hat auch der Mensch einige der höchsten Pfahlerhebungen für Burgen und Schlösser genutzt. Die wichtigsten Naturschutzgebiete des Pfahls wurden in das Natura-2000-Netz der Europäischen Union aufgenommen.

Im Erdmittelalter, vor rund 200 Millionen Jahren, umspülte das Jurameer verschiedene Festlandsbereiche des heutigen Bayerischen Waldes. Die Kalkablagerungen dieses Meeres, das spätere Juragebirge, treten in Niederbayern vor allem im Landkreis Kelheim zutage. Vor rund 70 Millionen Jahren, an der Wende vom Erdmittelalter zur Erdneuzeit, begann eine erneute Auffaltungsperiode. Aus Jurakalk und Gneishochfläche wurden Hochgebirge. Die Verwitterungsprodukte dieser Hochgebirge sind die heutigen Mittelgebirgslandschaften der Juraalb und des Bayer-Böhmerwalds.

Während sich die Juraplatte im Norden auffaltete, wurde sie durch die gleichzeitige Bildung des Bayerischen Waldes und vor allem auch der späteren Alpen tief in den Untergrund gedrückt. So entstanden die tieferen Bereiche der Donauebene und des späteren Hügellandes. In diese Landsenke zwischen Alpen und Bayerischem Wald schwemmten vor zehn bis zwölf Millionen Jahren große Flüsse riesige Mengen an Gesteinsschutt und Sand. Auf diesem Grundstock lagerten dann später eiszeitliche Flüsse, die den bis ins heutige Alpenvorland reichenden Gletschern entsprangen, umfangreiche Schottermassen ab. Weil jede neue Eiszeit jeweils wärmer als ihre Vorgängerin war, nahmen die Schmelzwässer kontinuierlich ab. Das hatte zur Folge, dass sich die kleiner werdenden Flüsse immer stärker in ihre viel zu großen Täler eintieften.

Während der letzten Kälteperiode in der rund eine Million Jahre andauernden Epoche aufeinanderfolgender Eiszeiten, der sogenannten Würmeiszeit, entstand die Grundlage des später einmal sprichwörtlichen niederbayerischen Reichtums: der fruchtbare Lössboden. Er besteht aus feinstem Gesteinsmehl, das sich im Lauf der Jahrtausende auf dem windzerzausten eiszeitlichen Tundraboden ablagerte und später von Bächen und Flüssen auf Terrassen und Ebenen geschwemmt wurde. Den großen Flüssen verdanken sich auch die wichtigsten Bodenschätze des Hügellandes: Lehm, Ton, Sand und der eiszeitliche Kies.

Erst die Wassermassen der Salzach, der Isar und des Inns machen aus der kleinen bayerischen Donau den großen europäischen Strom. Zuvor fließt der Fluss in nordöstlicher Richtung den Südrand der Juraalb entlang, die er zwischen Weltenburg und Kelheim in spektakulärer Weise durchbricht. Bei Regensburg lässt sich die Donau dann von den Vorbergen des Bayerischen Waldes in einer markanten Biegung in Richtung Süden ablenken. Ab hier erstreckt sich nun rechts des Flusses die große Talebene des alten Dungaus, des heutigen Gäubodens, das landwirtschaftliche Herz Niederbayerns mit dem Zentrum Straubing.

Der fruchtbare Lössboden auf tertiärem Schwemmland, leicht zu bearbeiten und „brettleben", ist bereits seit der Jungsteinzeit vor über 8000 Jahren besiedelt und die Grundlage außerordentlichen „Bauernreichtums" geworden. Hier, zwischen Straubing und Vilshofen, liegen auch die letzten frei fließenden, nicht durch Stauwehre oder Kraftwerke verbauten Abschnitte der Donau. Der natürliche Wechsel von Hoch- und Niedrigwasser in den Auwäldern, Auwiesen und Altwässern macht diese Flussstrecken zu europaweit bedeutsamen Rückzugsgebieten zahlreicher bedrohter Tier- und Pflanzenarten. Weil die fließende Donau eisfrei bleibt, überwintern am und um den Fluss weit über 50 000 Wasservögel und es tummeln sich eine Reihe von speziellen Donaufischen, die es weltweit nur hier gibt.

Europäisches Niederbayern:
Ur- und Frühgeschichte

Am Anfang war der Stein

Abgesehen vom kaum zugänglichen Waldgebirge war das heutige Niederbayern ein Dorado für die Menschen der frühesten Kulturen. Gute Böden, ausreichend Wasser, das bedeutet eine vielfältige Flora und Fauna. Über die Donau und ihre zahlreichen Nebenflüsse war die Region außerdem seit Urzeiten bestens erschlossen. Erstmals archäologisch greifbar wird die frühe menschliche Besiedelung in Niederbayern vor rund 130 000 Jahren. Sporadisch haben sich Steinwerkzeuge von Neandertalern an bevorzugten Aufenthaltsorten erhalten: hochwassergeschützte Anhöhen mit weitem Ausblick über die Flusstäler. Ganz besonders beliebt waren bei den ältesten „Niederbayern" die sonnenwarmen Südhänge des Jura über dem Donau- und Altmühltal.

Neben Stellen unter freiem Himmel, wie etwa einem Platz der sehr seltenen sogenannten Aurignac-Kultur bei Irnsing (Lkr. Kelheim), gehören vor allem die Höhlen der niederbayerischen Juraregion zu den altbekannten Fundplätzen von Kulturzeugnissen aus der Altsteinzeit: Das Große und das Kleine Schulerloch, die Obernederhöhle, die Klausenhöhlen oder die Sesselfelsgrotte bei Essing (Lkr. Kelheim) lassen schon lange Archäologenherzen höher schlagen. Gerade die Sesselfelsgrotte zählt zu den bedeutendsten altsteinzeitlichen Fundstellen Europas. In meterhohen Schichten haben sich hier Reste aus rund 100 000 Jahren frühester Kulturgeschichte erhalten, darunter 14 Neandertaler-Fossilien, die zu drei Individuen gehören.

Vor rund 35 000 Jahren kam es zu einem einschneidenden Umbruch in der Menschheitsgeschichte Europas. Der „Homo sapiens sapiens" verdrängte den primitiveren „Homo neandertalensis". Zahlreiche Funde aus dieser Zeit traten in den nie-

Blick aus der „Klausenhöhle" bei Essing (Lkr. Kelheim). Die Klausenhöhle besteht aus mehreren neben- und übereinanderliegenden Grotten etwa 55 Meter über der Sohle des Altmühltals. Neueste Funduntersuchungen ergaben eine auf +/– 360 Jahre genaue Datierung eines bearbeiteten Knochens aus der jüngeren Altsteinzeit: Er dürfte um das Jahr 24 680 v. Chr. entstanden sein. Foto: C. Zuchner, Erlangen

derbayerischen Höhlen zutage: Steinmesser, steinerne Pfeilspitzen und Knochenahlen, aber auch ausgesprochene „Kunstwerke", wie etwa eine gelbe Steinplatte mit geheimnisvollen roten Punktreihen, ein Elfenbeinstück mit einem eingeritzten Mammut (Obere Klause) oder ein Kalkstein mit dem Kopf eines Wildpferdes (Mittlere Klause). In der Mittleren Klause fanden die Ausgräber außerdem einen Schamanenstab aus dem Geweih eines Rentiers. Er ist mit der geheimnisvollen Darstellung eines Mischwesens aus Tier und Mensch verziert. Das klassische menschliche Relikt der Altsteinzeit aber ist und bleibt der Faustkeil aus Feuerstein.

Ab dem Ende der letzten Eiszeit, vor etwa 10 000 Jahren, erwärmte sich das Klima langsam und Wald breitete sich über die Flussebenen und das Hügelland aus. Das Wild nahm spürbar zu und damit auch die Jagd der Menschen auf Hirsche und Rehe, wilde Rinder und Wildschweine, Bär und Biber. Die Sippenverbände der sogenannten „Mittelsteinzeit" nutzten für ihre Lager nicht mehr ausschließlich Höhlen und Felsdächer, sondern kampierten bereits in der offenen Landschaft.

Erst jetzt gewannen die Menschen ein weitergehendes religiöses Bewusstsein und die Hoffnung auf ein Leben nach dem Tod. Die wahrscheinlich früheste Bestattung Bayerns gehört in die Zeit des Übergangs von der spätesten Mittelsteinzeit zur frühen Jungsteinzeit vor rund 8000 Jahren. Sie stammt aus Altessing (Lkr. Kelheim) und besteht lediglich aus einer ovalen Eintiefung unter einem Felsüberhang. In dem Grab lagen die Überreste einer jungen Frau mit ihrem toten Kind im Arm.

Neue Siedler, die im ständig wärmer werdenden Klima um 5700 vor Christus die Donau entlang von Südosten her zuwanderten, brachten Kultur und Technik aus dem Mittelmeerraum und dem Gebiet der ältesten Kulturen in Mesopotamien. Dort hatte man in langen Jahrtausenden die neue bäuerliche Wirtschaftsweise entwickelt, die nun als fertiges System nach Mitteleuropa kam. Zum Hund, den schon die Leute der mittleren Steinzeit gehalten hatten, treten nun Nutztiere: Rinder, Schweine, Schafe und Geißen. Dazu kommen die frühesten Vertreter vieler noch heute üblicher Kulturpflanzen: der Apfelbaum und der Lein, außerdem Erbsen, Bohnen und Linsen und selbstverständlich Hirse, Gerste, Emmer, Einkorn und Weizen. Ackerbau- und Viehzucht prägen bis heute die Grundlagen der Kultur Niederbayerns und ganz Europas.

Zu den bedeutendsten Errungenschaften dieser Epoche gehören die Weberei und die Herstellung von Keramik. Anhand der frühen Hafnereierzeugnisse lässt sich belegen, dass es zu dieser Zeit, genauso wie all die Jahrtausende vorher, kaum regionale kulturelle Entwicklungen gegeben hat. Niederbayern gehörte vielmehr zum riesigen Verbreitungsgebiet der ältesten, von den Archäologen „Linearbandkeramik" genannten, sesshaften Kultur. Belege dafür finden sich im Süden Polens genauso wie im Pariser Becken.

Auch die Technik des Hausbaus hatten die Neusiedler aus dem Osten mitgebracht. Gut geeignet als Siedlungsplätze erschienen ihnen die leicht erhöhten und von den Auwäldern nicht berührten Talterrassen des Donau-, des Isar-, Vils, Rott- und Inntals. In ganz Niederbayern sind bisher über 800 Siedlungsplätze der Jungsteinzeit entdeckt worden. Sie bilden Einzelgehöfte und frühe Dörfer aus vier bis zehn langgestreckten, rechteckigen Pfostenhäusern von beträchtlicher Größe, die in sich mehrfach unterteilt sind für Mensch, Vieh und Vorräte. Bei der Dantschermühle bei Bad Abbach (Lkr. Kelheim) kam eines der größten dieser Anwesen aus der Epoche der Linearbandkeramik aus dem Boden: Das Haus war 52 Meter lang und zwölf Meter breit, seine Wände bestanden aus massiven Holzständern, die fachwerkartig verstrebt und mit Lehmflechtwerk ausgefüllt waren. Das steile Satteldach war mit Stroh, Schilf oder Riedgras gedeckt. Um ihre Anwesen herum legten die

Rekonstruktion der linearbandkeramischen Siedlung von Stephansposching (Lkr. Deggendorf). Wichtig für die ersten Bauern der älteren Jungsteinzeit war der fruchtbare Gäuboden der Umgebung. Typisch für ihre Siedlungen sind Einzelgehöfte und weilerartige Dörfer. Größere Ortschaften mit etwa 30 gleichzeitig bewohnten Häusern, wie in Stephansposching, sind seltener. Zeichnung von A. von Krieglstein-Bender, Passau, nach einem Entwurf von J. Pechtl, Geretsried

frühesten Bauern Gärten, Felder und Weiden an. In Landshut-Sallmansberg wurde ein jungsteinzeitliches Dorf komplett ausgegraben. Derartige Dörfer gruppierten sich oft um zentrale, mit Wällen und Gräben befestigte Siedlungen, die Schutz- und Repräsentationsfunktionen hatten. Bei solchen Siedlungen finden sich gelegentlich Friedhöfe, in denen die Toten in embryonaler Hockerstellung begraben werden: Als Bauer weiß der Mensch der Jungsteinzeit, dass alles von der Erde kommt und zu ihr zurückkehren wird.

Ein wichtiger Standortvorteil für die Donau-Alb-Region waren schon seit der Altsteinzeit außerordentlich hochwertige Vorkommen von Feuerstein (Silex). Die Siedler aus dem Osten machten daraus mit den neuen Techniken des Schleifens, Bohrens und Sägens vielfältigeres und spezialisierteres Werkzeug als es den Menschen in hunderttausend Jahren zuvor gelungen war. Gleichzeitig gewannen sie jetzt aus normalem Stein Alltags- und Massenwerkzeuge für Haus- und Feldbau, bei dem kostbares Silex-Werkzeug viel zu schnell verschleißt.

Blick zu den Sternen

Um etwa 5000 vor Christus zerfällt der große einheitliche Kulturraum der Linearbandkeramik. Aus dem böhmisch-sächsischen Raum kommen die sogenannten „Stichbandkeramiker" nach Niederbayern und verdrängen offenbar gewaltsam die eingesessene Bevölkerung. Sie entwickeln innerhalb der folgenden Jahrhunderte die erste spezifisch niederbayerische Kultur, die nach dem Fundort Oberlauterbach bei Rottenburg an der Laaber „Oberlauterbacher Kultur" genannt wird. Wie früher gibt es neben Einzelgehöften, die sich jetzt auch vereinzelt auf Höhenlagen vortasten, weiterhin kleine Weiler und größere zentrale Siedlungen, die oft mit Wall und Graben gesichert sind. In ihrer Mitte finden sich häufig riesige Kreisgrabenanlagen, die weniger Verteidigungszwecken als vielmehr Versammlungs- und Kultzwecken gedient haben.

Frühe Himmelsbeobachtung

Diese steinzeitlichen Rundtempel haben das jungsteinzeitliche Niederbayern neuerdings in der ganzen archäologischen Welt bekannt gemacht. Die Anlagen mit mehreren ineinander gestaffelten Gräben mit 40 bis 150 Metern Durchmesser gehören zu den ältesten Monumentalbauten Europas. Sie sind rund 2000 Jahre älter als die vergleichbaren englischen „Henges" Stonehenge und Woodhenge, weitaus älter auch als die ägyptischen Pyramiden. Zahlreiche solcher Kultanlagen sind in Niederbayern gefunden worden. Zum Beispiel in Schmiedorf-Osterhofen, Gneiding-Oberpöring und Ramsdorf-Wallerfing (Lkr. Deggendorf), in Kothingeichendorf und Meisternthal bei Landau/Isar und in Viecht bei Landshut. Sie verfügten zumeist über zwei bis drei Kreisgräben, die bis zu fünf Meter breit und ebenso tief waren. Die Gräben waren V-förmig konstruiert, sodass ihr Grund für den Betrachter dunkel blieb. Das durch einen Palisadenkreis markierte Zentrum der Anlage war nur über schmale überdachte Erdbrücken zugänglich. Wer diese Brücken beschritt, sollte offenbar in Kontakt zu den Erdgeistern treten, bevor er im Inneren zu den himmlischen Gottheiten aufsehen konnte. Astronomen haben herausgefunden, dass mit Hilfe dieser Rundtempel für die jungsteinzeitlichen Bauern wichtige kalendarische Daten, wie etwa die Tag- und Nachtgleiche oder die Sonnenwenden, bestimmt werden konnten. Ganz ähnliche Funktionen hatten übrigens die zentralen Tempelanlagen in den frühesten Städten Mesopotamiens, wie etwa in Babylon. Möglicherweise hätten sich die niederbayerischen Zentralorte mit ihren Rundtempeln zu ähnlichen städtischen Hochkulturen weiterentwickeln können. Einfallende Neusiedler setzten dem aber um 4500 vor Christus ein abruptes Ende.

Nach wie vor war Feuerstein der wichtigste Werkstoff der Menschen. Archäologen haben in Arnhofen bei Abensberg (Lkr. Kelheim) ein regelrechtes Silex-Bergwerk gefunden: Im Lauf der Jahrhunderte haben die jungsteinzeitlichen Bergleute dort über 10 000 Schächte bis zu acht Meter tief abgeteuft, um den Feuerstein allerbester Qualität fördern zu können. Silexwerkzeuge aus diesem Bergwerk wurden in weitem Umkreis bis ins heutige Nordrhein-Westfalen und nach Österreich verkauft.

Ebenso wie über tausend Jahre zuvor die ersten Bauern nach Niederbayern gekommen waren, wanderten um 4500 vor Christus erneut Siedler die Donau herauf und brachten gänzlich neue Formen von Gebrauchsgegenständen, neue Haustypen und neue Totenbräuche mit. Nach einem wichtigen Fundort bei Straubing nennen die Archäologen den Zeitabschnitt, in dem diese Leute in Niederbayern vorherrschten, „Münchshöfener Kultur".

Ganz typisch ist die Münchshöfener Keramik. Die aufwendig verzierten und außergewöhnlich filigranen Schüsseln, Schalen und Becher haben erstmals ebene Böden, auf denen sie sicher stehen. Von den Häusern der Münchshöfener ist nur wenig bekannt. Die Archäologen kennen nur einzelne Vorratsgruben und Lehmentnahmestellen für den Wandputz. Möglicherweise handelte es sich um Blockhütten zu ebener Erde, die im Boden kaum Spuren hinterlassen. Wichtige ergrabene Siedlungen dieser Zeit sind Kothingeichendorf (Lkr. Deggendorf) und Geiselhöring (Lkr. Straubing-Bogen).

Als erste Menschen Mitteleuropas verwendeten die Münchshöfener Metall. An einem Schädel, der bei Straubing gefunden wurde, entdeckten die Archäologen Reste eines kupfernen Ohrringes. In Menning, wenige Kilometer donauaufwärts von Neustadt gelegen, wurden bei sieben Skeletten Reste von Schmuck aus Kupferdraht geborgen. Diese ältesten Metallfunde in Bayern beweisen die engen Handelsverbindungen der Münchshöfener zu den Technologiezentren im östlichen Donauraum, ins heutige Serbien und Bulgarien, wo schon seit 6000 vor Christus Kupfer abgebaut wurde.

Neue Einflüsse über die Donau herauf und aus dem Norden führten um 3800 vor Christus im heutigen Niederbayern zur allmählichen Veränderung der Münchshöfener Kultur. Es entstand die sogenannte „Altheimer Kultur", benannt nach dem Ort Altheim bei Landshut, wo diese Fundgruppe zu Anfang des 20. Jahrhunderts erstmals dokumentiert wurde. Im krassen Gegensatz zur eleganten Keramik der Münchshöfener ist die Hafnerware der Altheimer grob und kaum verziert, dafür aber, unter südosteuropäischem Einfluss, technisch höher entwickelt. Die Altheimer Kannen und Becher sind die erste „Henkelware"

Mitteleuropas. Der relativ neue Werkstoff Kupfer dürfte zu dieser Zeit bereits allgegenwärtig gewesen sein. Allerdings sind Kupferfunde aus dieser Zeit selten: Das teure Material wurde immer wieder ein- und umgeschmolzen. In der vollständig ergrabenen Altheimer Siedlung von Sallmannsberg bei Landshut kam ein dafür verwendeter Gusstiegel aus Kupfer zutage.

Die Mobilität der Menschen ist bereits recht groß. Auf feststehenden Routen durchstreifen vor allem Händler die Mittelgebirge des Bayerischen Walds und des Böhmerwalds und überqueren die Alpen. In der Altheimer Siedlung in Ergolding bei Landshut fand sich ein Dolch, dessen Feuerstein eindeutig aus dem Norden Italiens stammt. Im benachbarten Altdorf tauchte eine Keramikschüssel auf, die ebenfalls von dort kommt. Die Bevölkerung wächst in dieser Zeit. Jetzt werden auch weniger fruchtbare Böden im tertiären Hügelland besiedelt. Erstmals kommt es in Niederbayern zu sogenannten „Feuchtbodensiedlungen" am Rand von Seen und Flüssen. Dabei wurden die kleinen Häuschen einzelner Familien eng aneinander entlang einer durchgehenden Dorfstraße gebaut. Die dauernde Feuchtigkeit des Untergrunds dieser Dörfer hat Gegenstände aus organischen Materialien, wie etwa Holz und Textilien, besonders gut konserviert. Aus der Grabung in Ergolding stammt das vermutlich älteste erhaltene und mit Hilfe der Dendrochronologie exakt datierbare Bauholz Niederbayerns: Fälldatum ist das Jahr 3732 vor Christus.

Um 3400 vor Christus folgte ein erneuter Kulturschub aus dem Südosten. Die Zuzügler, die die Donau heraufkamen, brachten so viele Neuerungen mit, dass sich die Lebensweise der Menschen wieder einmal grundlegend änderte. Zur Unterscheidung von den vorhergehenden „Altheimern" nennen die Archäologen diese Kulturstufe, die in ganz Südbayern und in Böhmen wirksam wird, „Chamer Gruppe". Es sind die ersten Leute, die die Vorberge des Bayerischen Waldes besiedelten. Offenbar waren die Zeiten unruhig, denn die Chamer errichteten im Hügelland Höhensiedlungen mit mächtigen Erdwerken. Diese frühen Burgen, etwa auf dem Galgenberg bei Kopfham (Lkr. Landshut) oder in Hadersbach bei Geiselhöring (Lkr. Straubing-Bogen), sind umgeben von doppelten Gräben. Die

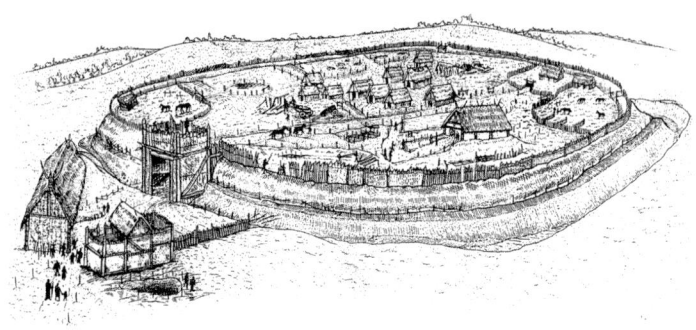

Rekonstruktion des Erdwerkes der Chamer Gruppe auf dem Galgenberg bei Kopfham (Lkr. Landshut). Zum ersten Mal nutzten die Menschen natürliche Gegebenheiten wie den Galgenberg für diese frühen Befestigungsanlagen.

Chamer waren außerdem die ersten Menschen hierzulande, die das Pferd als Haustier hielten. Wahrscheinlich wurde es hauptsächlich als Fleischlieferant genutzt.

Spätestens um 2900 vor Christus macht sich im heutigen Niederbayern eine neue europäische Kultur breit, die sich mit den Repräsentanten der Chamer Gruppe mischt: Die Hinterlassenschaften der sogenannten „Schnurkeramiker" finden sich von Skandinavien bis Süditalien und von der Iberischen Halbinsel bis Russland. Die derart weiträumige Ausbreitung einer Kultur innerhalb relativ kurzer Zeit führen die Fachleute darauf zurück, dass die Menschen es jetzt erstmals verstehen, das Pferd als Transport- und Reittier einzusetzen. Die in strenger Ordnung angelegten „Hockergräber" aus dieser Zeit sind reich mit Beigaben ausgestattet. Typisch sind die Silexsichel für die Frauen, der Silexdolch und die steinerne Streitaxt bei den Männern. Besonders liebvoll bestatteten die Schnurkeramiker ihre Kinder. In Künzing (Lkr. Deggendorf) fand man das Grab einer Mutter, die ihr Kind im Arm hält. Auf der Brust des Kindes lag ein Armring aus dem damals unschätzbar wertvollen Kupfer.

Das Ende der Stein- und den Übergang zur Bronzezeit schließlich bringt die „Glockenbecherkultur" (2500 bis 2000 vor Christus), die vom Norden der britischen Inseln bis in den Süden Italiens und von der portugiesischen Atlantikküste bis in die pannonische Tiefebene reicht. Die Bestattungen der Glockenbecherleute sind noch reicher ausgestattet als die der Schnurkeramiker. Neben den typischen glockenförmigen Bechern, die der Kultur den Namen gegeben haben, finden sich vielfältige weitere Keramik und Trachtbestandteile. An die Stelle der Streitäxte der Schnurkeramiker treten nun Pfeil und Bogen. Und neben Schmuck aus dem raren Bernstein von der Ostsee tauchen erstmals Schmuckstücke aus dem kostbarsten aller Metalle auf, aus Gold. Das älteste Gold Bayerns wurde in Gräbern bei Landau und in Aufhausen (Lkr. Dingolfing-Landau) gefunden.

In Künzing (Lkr. Deggendorf) gelang Archäologen 1990 ein ganz seltener Glückstreffer. Sie entdeckten das Grab eines glockenbecherzeitlichen Goldschmieds. Dem Mann war neben zahlreichen steinernen Waffen und Gerätschaften ein Lederbeutelchen mit seinem Werkzeug aus Stein und Wildschweinzähnen ins Grab mitgegeben worden. An der Arbeitsfläche eines Steinbeils entdeckten die Forscher mit Hilfe eines Elektronenmikroskops feinste Kupfer und Goldspuren. Das Beil war also als Treibhammer für Metall verwendet worden. Die fünf beiliegenden Eberhauer dienten anschließend zum Polieren der Werkstücke. Offenbar sollten dem Goldschmied seine Werkzeuge den immensen gesellschaftlichen Status, den er sich im Diesseits erworben hatte, auch im Tode sichern.

Das „Goldene Zeitalter"

Die dem bekannten Kupfer weit überlegene Bronze fand gegen Ende des dritten Jahrtausends den Weg nach Mitteleuropa. Um 2000 vor Christus hatte sie sich bereits überall durchgesetzt. Der hohe Wert, den die Bronze von Anfang an hatte, machte das neue Metall zum idealen Tausch- und Zahlungsmittel. Bronzebarren und Ringe in Normgrößen waren überall gefragt, leicht zu transportieren und wurden so die Vorläufer des späteren Münzgeldes. Bronzegegenstände wurden häufig in großen Hortschätzen, wie etwa dem von Hengersberg (Lkr. Deggendorf), im Boden niedergelegt, entweder um das kostbare Metall vor fremdem Zugriff zu schützen oder um es den Göttern zu opfern.

Mit der Bronze kam eine ganze Serie neuer Techniken, die ihrerseits bald einen enormen gesellschaftlichen Wandel provozierten. Die wichtigste Neuerung der Zeit um 2200 vor Christus war der Metallpflug. Er erlaubte es, den Boden wesentlich tiefer als bisher mit Grabstock oder Hacke zu bearbeiten. Die Arbeit wurde nicht nur kraftsparender, sondern auch ertragreicher: Die Bevölkerung wuchs.

Außerdem mussten die neuen Metalle abgebaut, verhüttet und verarbeitet werden. Die Zahl der Spezialisten, die arbeitsteilig arbeiteten, stieg. Gleichzeitig weitete sich der Fernhandel aus. Das Kupfer musste aus dem Alpenraum beschafft werden, die aus niederbayerischer Sicht nächsten Vorkommen gab es im heutigen Salzburger Land und in Tirol. Zinn kam von noch weiter her – aus der Bretagne oder dem Süden der britischen Inseln. So wurden die Anrainer der neuen Fernhandelsstraßen im mittleren Isartal reich und mächtig. Eine Fülle bronzezeitlicher Fundstellen in Landshut und Umgebung zeugt von diesem Reichtum.

Im Vergleich zu den Regionen im östlichen Mittelmeerraum und im Nahen Osten, die durch den Fernhandel unglaublichen Reichtum anhäuften und die bekannten Stadt- und Hochkulturen entwickelten, blieben mitteleuropäische Landstriche wie Niederbayern ohne direkte Metallvorkommen zunächst auf ländlich-bäuerlicher Entwicklungsstufe. Bis weit in das zweite Jahrtausend vor Christus hinein benutzte man hier neben Kupfer- und Bronzegeräten die althergebrachten Steinwerkzeuge und die altbekannten Steinvorkommen, wie etwa das Plattensilexrevier von Baiersdorf bei Riedenburg (Lkr. Kelheim), wurden weiterhin abgebaut.

Trotzdem kam es aber jetzt auch in Niederbayern zu einer deutlichen Ausdifferenzierung handwerklicher Techniken. Das Keramikhandwerk zum Beispiel erlebte einen bis dahin kaum gekannten Höhepunkt, was die Feinheit und Perfektion der immer noch ohne Hafnerscheibe hergestellten Waren angeht. Gleichzeitig mit dem Fernhandel und der Entwicklung der Arbeitsteilung entstanden erstmals deutlich unterschiedliche

Gesellschaftsschichten: Reiche Händler und Handwerker stiegen zu Fürsten und Herren auf, die von einer großen bäuerlichen Unterschicht versorgt wurden. An strategisch günstigen Stellen, die die Kontrolle der Fernhandelsrouten erlaubten, entstanden jetzt befestigte Höhensiedlungen: auf dem Weltenburger Frauenberg (Lkr. Kelheim), auf dem Bogenberg (Lkr. Straubing-Bogen) oder dem Spitzdobl bei Pleinting (Lkr. Passau).

Ab der Mitte des 2. Jahrtausends vor Christus erlebte die bronzezeitliche Kultur in Niederbayern ihre Blüte. Die reichen Familien bestatteten ihre Toten unter teilweise gewaltigen Grabhügeln, die sich bis heute in den Wäldern überall in Niederbayern, zum Beispiel im Bad Birnbacher Ortsteil Aunham (Lkr. Rottal-Inn) bestens erhalten haben. Zwischen den Hügeln wurden die einfacheren Leute beigesetzt. In den Gräbern der Reichen findet man nicht mehr nur Gerätschaften, die gleichzeitig Werkzeug und Waffe sind, wie Dolche oder Äxte, sondern auch Stichschwerter: Erste reine Kampfwaffen für spezialisierte Krieger. Die Vorbilder dazu finden sich in Südosteuropa und im mykenischen Griechenland.

Wie die einfachen Bestattungen zu den Grabhügeln kommen, so wachsen jetzt auch den burgartigen Höhensiedlungen oft ausgedehnte Unterstädte zu, wie sie gleichfalls in Mykene, Tyrins oder Troja zu finden sind. Während aber die berühmten Kyklopenmauern der kretisch-mykenischen Burgen heute noch stehen, sind die ursprünglich ebenso hohen Holz-Erde-Befestigungen im natursteinarmen Südbayern großteils vergangen.

Um 1300 vor Christus änderten sich wieder einmal die religiösen Vorstellungen der Menschen. In ganz Europa, also auch im damals bereits dicht besiedelten Niederbayern, gingen sie dazu über, ihre Toten nicht mehr in Körpergräbern zu bestatten, sondern zu verbrennen. Während aber die Urnenbestattungen der einfachen Untertanen relativ arm an Beigaben sind, begräbt man die Asche der Krieger zusammen mit ihren wertvollsten Waffen, mit bronzenem Helm, Brustpanzer und Beinschienen. Immer wieder findet man in solchen Gräbern auch Zaumzeug für Pferde und die metallenen Reste von Streit- oder Zeremonialwägen; so etwa in Hader bei Passau oder Münchsmünster bei Neustadt an der Donau.

Das „Eherne Zeitalter": die Kelten

Fast geräuschlos zogen im Niederbayern des 9. und 8. Jahrhunderts vor Christus neue Zeiten herauf. Die Kultur, die sich jetzt allmählich aus der vorhergehenden Urnenfelderkultur entwickelt, nennt man nach einem berühmten alten Fundplatz im Salzkammergut „Hallstattzeit". Und jetzt ist auch der Name des Volkes bekannt, das als erstes versteht Eisen herzustellen: die Kelten. Bei ihnen handelt es sich um die echten Ureinwohner Niederbayerns und ganz Mitteleuropas. Um 750 vor Christus fallen Reitervölker aus dem Osten in Mitteleuropa ein, dringen bis zu den Alpen vor. Die Kriegerkönige der Urnenfelderzeit mit ihren Burgen und Streitwägen verlieren an Bedeutung. Lokaler Adel, der auf Gutshöfen sitzt, übernimmt nun, ähnlich wie im Mittelalter, den Schutz der Bevölkerung. Ein solcher Herrenhof, ein besonders großer, mit Wall und Graben, Palisaden und Torturm, ist in Niedererlbach bei Landshut, hoch über der Isar, ausgegraben worden.

Mit dem 5. Jahrhundert vor Christus trat die keltische Kultur nördlich der Alpen endgültig ins Licht der Geschichte. Der griechische Historiker Herodot schreibt um 450: „Die Donau entspringt im Keltenlande ... und fließt durch Europa, indem sie es teilt." Die Kelten, von den Griechen „Galater", von den Römern „Gallier" genannt, gerieten in dieser Zeit in Bewegung. Die antiken Autoren erklären die Wanderungen zumeist mit einem großen Bevölkerungsüberschuss im Keltenland oder dem ökonomischen Gefälle zwischen dem reichen Mittelmeerraum und dem verhältnismäßig armen Norden. Kelten aus Niederbayern wanderten nach Frankreich und Spanien ab, dafür zogen Kelten aus Böhmen in das Land zwischen Donau und Inn nach.

Der Austausch mit der mittelmeerischen Welt war so intensiv wie nie zuvor. Abgesehen von Handelswaren, die verstärkt aus Griechenland und Italien nach Norden kamen, finden sich aus dieser Zeit in Niederbayern qualitativ hochwertige einheimische Gegenstände. Diese keltische Kulturstufe nennt man nach einem Schweizer Fundort „Latènezeit". Erstmals gibt es Keramiken, die auf der Hafnerscheibe hergestellt sind, rot bemalt mit graphitierten Verzierungen, wie sie beispielsweise auch die attischen Vasen tragen. Die heute noch bedeutenden Graphitvorkommen in Kropfmühl bei Passau lieferten damals schon das Graphit für Keramik, die in ganz Mitteleuropa Verbreitung fand.

Um 220 vor Christus wurden Keltenstämme, die sich in Oberitalien angesiedelt hatten, von den Römern in langdauernden Kämpfen vertrieben. Sie fluteten zurück in den Raum nördlich der Alpen. Aus dem Süden brachten die Rückkehrer neue zivilisatorische Ideen mit, die sie sich im Lauf ihrer langen Nachbarschaft zu den italischen Völkern angeeignet hatten. So kommt es im 2. Jahrhundert vor Christus zum Bau der berühmten keltischen „Oppida", den ersten richtigen Städten auf südbayerischem Boden. Eine der wichtigsten dieser Keltenstädte ist das Oppidum „Alkimoenis" auf dem Michelsberg bei Kelheim. Bis zu 20 000 Menschen lebten hier vor allem von der Eisenproduktion, geschützt von einer fast zehn Kilometer langen Stadtmauer. In Alkimoenis und in anderen Oppida wurden erstmals nördlich der Alpen Münzen geprägt und massenweise Glas hergestellt. Die Kelten der Latènezeit verarbeiteten es hauptsächlich in Form von Armringen.

Keltenplätze

Alkimoenis war natürlich nicht die einzige wichtige Keltensiedlung in Niederbayern. In Sorviodurum (Straubing) gab es eine befestigte Handelsniederlassung, Boiodurum (Passau) weiter donauabwärts war wieder eine große Stadt. Außerhalb dieser großen Orte entlang der Donau gab es im fruchtbaren Hügelland eine Unmenge von Dörfern und Weilern mit zahlreicher Bevölkerung. Niederbayern gehört zu den Keltenregionen mit den meisten keltischen Viereckschanzen. Diese Schanzen, deren rechteckige Wall- und Grabenanlagen sich am besten in Wäldern erhalten haben, sind Kultplätze, in deren Mitte zumeist ein hölzerner Tempel für das Opferfeuer stand. Außerdem gibt es im Innenraum dieser Plätze geheimnisvolle Opferschächte.

So intensiv die Blüte der keltischen Oppida-Kultur war, so kurz dauerte sie. Im ersten Jahrhundert vor Christus sind die keltischen Oppida unter dem kriegerischen Ansturm von Germanen zugrunde gegangen. Viele der Kelten Südbayerns wanderten in Richtung Alpen ab. In das entstandene Vakuum im heutigen Niederbayern sickerten nach und nach Germanen aus Mitteldeutschland ein. Diese germanisch-keltische Zwischenbevölkerung nennen die Archäologen „Südostbayerische Gruppe". Bei ihnen handelte es sich vornehmlich um Händler, die entlang von Donau und Isar siedelten, um den wichtigsten Nord-Süd-Warenverkehr aufrechtzuerhalten.

Von Augustus bis Severin:
Römisches Niederbayern

Die Donau als Grenze

Lange Zeit hatten die Römer dem Land unmittelbar nördlich der Alpen kaum Interesse entgegengebracht. Als sich Augustus im Jahr 15 vor Christus entschloss, in das Alpenvorland einzumarschieren, schlug er mehrere Fliegen mit einer Klappe. Indem er dieses Gebiet besetzen ließ, schob er weiteren keltischen Wanderungen einen Riegel vor und verband Gallien im Westen und das Gebiet der östlichen Donau unmittelbar miteinander. Gleichzeitig gewann er ein Aufmarschgebiet gegen die Germanen im Norden.

Der Eroberungszug der Kaisersöhne Drusus und Tiberius traf wohl auf keinen nennenswerten Widerstand. Dass die Besetzung Niederbayerns nahezu eine reine Formsache war, dafür spricht unter anderem die Tatsache, dass die römischen Soldaten es nicht einmal der Mühe wert fanden, gleich bis an die Donau vorzudringen. Innerhalb nur eines Sommers war Niederbayern, dem Status nach, Teil des Römischen Reiches geworden. Aber erst viele Jahrzehnte später, unter den Kaisern Claudius und Nero, entstanden hier die ersten provisorischen Kastelle.

Eining und der Limes

Schon früh haben sich gelehrte Wissenschaftler für die römischen Überreste in der Provinz Raetia secunda, in Niederbayern, interessiert. Bereits im 19. Jahrhundert wurde mit Ausgrabungen begonnen. Dabei hat man das Kastell „Abusina" in Eining bei Neustadt an der Donau als einziges Römerkastell in Bayern komplett freigelegt und konserviert. Auch die Umgebung des Kastells und der großen benachbarten Zivilsiedlung ist bestens erforscht. Interessant ist Eining vor allem deshalb, weil es das erste Kastell am

„nassen" Limes war und die Nahtstelle sicherte zum „trockenen" Limes, jenes berühmten Schutzwalls, der mit insgesamt 550 Kilometern Länge das größte archäologische Kulturdenkmal Europas ist. Unweit des Kastells Eining, auf dem Weinberg, existieren noch die Schuttwälle eines Mars-Victoria-Heiligtums und von Mannschaftsunterkünften einer Wachstation. Von hier aus bestand und besteht heute noch Sichtverbindung zum Limesende jenseits der Donau und zu dem rekonstruierten ersten Limes-Wachtturm. Die großenteils im Gelände sichtbaren Reste des Limes hat die UNESCO im Jahr 2005 auf die Liste des Weltkulturerbes gesetzt.

Es dauerte bis zum Ende des 1. Jahrhunderts nach Christus, bis sich die Römer daranmachten, das eroberte Land systematisch zu befestigen. Als Grenze in Niederbayern genügten über weite Strecken die viel verzweigte Donau und das nördlich angrenzende undurchdringliche Waldgebirge. Erst im Westen, wo die Römer bis zur Altmühl vorgedrungen waren, beginnt bei Hienheim (Lkr. Kelheim) der Limes. Entlang der Reichsgrenze entstanden im heutigen Niederbayern die Kastelle Abusina (Eining, Lkr. Kelheim), Sorviodurum (Straubing), zwei namentlich nicht bekannte Kastelle in Steinkirchen und Moos-Burgstall (Lkr. Deggendorf), dann Quintanis (Künzing, Lkr. Deggendorf) und Boiodurum (Passau-Innstadt). Raetien hieß die neue Provinz und man zählte sie in den kommenden Jahrhunderten ganz selbstverständlich zum Stammland der Römer, zu Italien.

Jetzt erschlossen die römischen Straßen erstmals planmäßig das Land zwischen Donau und Inn: die Donausüdstraße, die die Versorgung der Kastelle unmittelbar an der Grenze gewährleistete, die Isartalstraße von Augusta Vindelicorum-Augsburg nach Batavis-Passau, die Inntalstraße entlang der norischen Grenze von Pons Aeni-Rosenheim nach Batavis-Passau und die Nord-Süd-Verbindung von Castra Regina-Regensburg aus. Sie teilte sich bei Iovisura/Ad Isaram-Landshut in eine Straße nach Pons Aeni-Rosenheim und weiter durch das Inntal über den Brenner und eine Straße nach Iuvavum-Salzburg, die weiter zum Tauernpass führte. Das waren die wichtigsten viae publicae, also öffentlich errichtete und unterhaltene Heerstraßen, die auch für den privaten Verkehr genutzt wurden.

Luftaufnahme des Römerkastells *Abusina*-Eining. Deutlich sind das große Lager aus der mittleren Kaiserzeit und der spätrömische *burgus*, ein stark befestigtes Kleinkastell in der Nordwestecke des Kastellareals, zu erkennen. Foto: O. Braasch, Landshut

Was Zivilsiedlungen betrifft, knüpften die Römer in Niederbayern nur wenig an vorhandene Orte an. Sie richteten ihre Militärverwaltung so ein, wie es am günstigsten war, ohne groß Rücksichten auf gewachsene Strukturen zu nehmen. Um die Truppen an der Donau zu versorgen, siedelten die Römer im Hinterland Veteranen als Bauern an. Unmittelbar an den Lagern entstanden außerdem sehr schnell Zivilsiedlungen für alle anderen Güter des täglichen Bedarfs. Was als simple Marketenderniederlassungen für die Soldaten mit Wirtshäusern und leichten Mädchen begann, wuchs schnell zu kleinen römischen Provinzstädten heran. Wichtig waren von Anfang an die obligatorischen Badehäuser. Dazu kamen Geschäfte, Wirtshäuser, und Theater. Und selbstverständlich gab es überall im Land kleinere und größere Tempel und Heiligtümer, die, ähnlich unseren heutigen Feldkapellen und Dorfkirchen, das Landschaftsbild prägten.

Das Staatsbad in Gögging

Bad Gögging bei Neustadt an der Donau beherbergte das einzige offizielle römische Staatsbad in Bayern. Die anscheinend schon seit Urzeiten bekannte heiße Schwefelquelle wurde offenbar schon im 1. Jahrhundert von Soldaten aus dem nahen Abusina/Eining frequentiert, die dazu hölzerne Badegebäude errichteten. Kaiser Trajan baute dann bereits gegen 110 nach Christus für seine Truppen auf eigene Kosten das umfangreiche Thermalbad. Die 1800 Quadratmeter großen Thermen verfügten über sämtliche Raffinessen der römischen Badekultur. Weder der Einfall der Markomannen noch der spätere Alamannensturm konnten den Badebetrieb nennenswert beeinträchtigen. Die Thermen wurden immer wieder restauriert. Als im Jahr 213 Kaiser Caracalla zu Besuch nach Raetien kam, stiftete er der Badegöttin „Fortuna balnearis" einen Weihestein. Nach dem Alamannensturm im 3. Jahrhundert wurde die Anlage abgerissen und komplett wieder aufgebaut. Vermutlich erst im 5. Jahrhundert kam der Badebetrieb zum Erliegen. Unmittelbar darauf wurde in die Mauern des Badegebäudes eine frühchristliche Kirche eingebaut, auf deren Grundmauern die heutige Gögginger Andreaskirche steht. In Sorviodurum-Straubing haben die Archäologen die Maske eines Schauspielers gefunden, ein deutlicher Hinweis auf Theateraufführungen, in Quintanis-Künzing stießen sie 2003 sogar auf die Überreste eines hölzernen Amphitheaters aus dem 2. Jahrhundert. Das Oval mit einem Maximaldurchmesser von 35 Metern fasste in fünf Sitzreihen bis zu 800 Zuschauer. Vermutlich haben dort fahrende Gladiatorengruppen für Unterhaltung bei den Soldaten und den Einwohnern von Quintanis gesorgt. Fünf Jahre zuvor waren die Forscher, ebenfalls in Künzing, auf ein Heiligtum des berühmten Mithraskults gestoßen.

Die Soldaten in den Kastellen, Städten und entlang den Straßen sorgten im Auftrag des Staates für die berühmte „pax romana", für Ruhe und Ordnung – die wichtigste Voraussetzung für gedeihlichen Handel und Wandel. Alles, was in der damals bekannten Welt angeboten wurde, fand so bald auch den Weg über die Alpen und nach Niederbayern. Vom kostbaren Geschirr, wertvollen Gläsern, edlem Schmuck und chinesischer Seide bis hin zu Olivenöl, Weinen und anderen kulinarischen Spezialitäten aus dem Mittelmeerraum, dem Nahen und dem Fernen Osten. Daneben nahmen auch Handwerk und Kunsthandwerk in der Provinz einen beträchtlichen Aufschwung.

Unruhige Zeiten

Um 170 nach Christus machte sich ein großes Barbarenheer auf in Richtung Süden. Es handelte sich um die germanischen Markomannen, mit denen sich ein Teil ausgewanderter keltischer Boier im böhmischen Kessel verschmolzen hatte. Die Angreifer kamen über das Regental herüber, verteilten sich von Regensburg aus auf dem gesamten nördlichen Donauufer, überrannten sämtliche Kastelle und zogen mordend und brennend weiter in Richtung Süden. In der Folgezeit nutzten sie gar das Alpenvorland als Etappe für zahlreiche Ausgriffe über die Alpen nach Oberitalien. Erst als Kaiser Mark Aurel persönlich mit neuen Elitetruppen anrückte, gelang es, die Barbarenhorden über die Donau zurückzudrängen und den Frieden, wiederherzustellen. Unmittelbar danach ließ Mark Aurel Regensburg als Legionsstandort ausbauen, 6000 Soldaten, zwölfmal mehr als bisher, taten dort künftig Dienst. Auch die Kastelle donauauf- und donauabwärts entstanden als Kohortenlager neu. In Passau zog die „Cohors IX Batavorum" auf, eine rund 1000-köpfige Kohorte mit berittenen Hilfstruppen vom Niederrhein, die im Bereich der heutigen Altstadt das neue Lager „Batavis" errichteten, das Passau den Namen gab.

Im 3. Jahrhundert aber war die Zeit der höchsten Blüte des römischen Kaiserreichs vorbei. Es kam eine Zeit der Bürgerkriege und Unruhen – gerade in die Provinzen. Um die Mitte des Jahrhunderts nutzten die Alamannen die unübersichtliche Lage und fielen in mehreren Wellen in Raetien ein. Zahlreiche Siedlungen und Gutshöfe gingen damals in Flammen auf. Die Bewohner, soweit sie nicht rechtzeitig das Weite suchten, überlebten die Angriffe nicht. Sie wurden niedergemetzelt, nicht selten regelrecht zerstückelt, es gibt Hinweise auf rituelle Folterungen, ja manche Opfer wurden gar skalpiert.

Schatzfunde

Immer wieder tauchen bei Bauarbeiten oder archäologischen Grabungen Wertsachen und Schätze auf, die in dieser Zeit vergraben wurden. 1937 entdeckte ein Bauer bei Kirchmatting (Lkr. Straubing-Bogen) einen Schatz mit 1100 römischen Silberdenaren. Die jüngste Münze stammt aus dem Jahr 231, zwei Jahre später war der erste Alamannenüberfall. Ebenfalls ein Pflug hob 1975 einen Schatz mit Teilen von römischen Paraderüstungen beim Kastell Eining aus dem Boden. Die Stücke sind in der Archäologischen Staatssammlung in München zu besichtigen, genauso wie der 1962 im Kastell Quintanis-Künzing ausgegrabene, 82 Kilogramm schwere Hort mit Waffen und einzigartigen Werkzeugen, unter denen sogar Handschellen für Kriegsgefangene nicht fehlen. Einer der bedeutendsten Schätze der Römerzeit kam 1950 in einer Villa Rustica bei Straubing-Alburg zutage. Es handelt sich um einen Sammelhort mit Teilen von kostbaren römischen Paraderüstungen. Bei Bauarbeiten war man auf einen umgestülpten großen Kupferkessel gestoßen. Darunter fanden sich unter anderem sieben Masken von Gesichtshelmen aus Bronze, fünf reich verzierte Beinschienen, acht aufwendig gearbeitete Rossstirnen, sieben Götterfiguren und eine große Anzahl eiserner Waffen, Werkzeuge und sonstiger Gebrauchsgegenstände. Der Schatz gehört zu den Prunkstücken des Straubinger Gäubodenmuseums.

Die „Baiovarii" und das Ende der Römerherrschaft

Von den Barbarenstürmen des 3. Jahrhunderts konnte sich das Land nie mehr ganz erholen. Die Gutshöfe waren vielfach verloren, das Land verödete. Dennoch versuchten die Kaiser Diokletian und Konstantin zunächst mit Erfolg, die Provinz wieder auf einigermaßen sichere Beine zu stellen. Raetien wurde unterteilt in eine „Raetia Prima", die in etwa der heutigen Schweiz entspricht, und eine „Raetia Secunda", entsprechend dem heutigen Schwaben und Altbayern. Im Rahmen einer Truppenreform richtete man hinter dem Limes eine mobile Elitetruppe ein, die überall dort eingreifen sollte, wo es brenzlig wurde. In den alten Kastellen entlang der Donau blieben kleinere Einheiten stationiert, die sich bei Gefahr einigeln und auf Entsatz warten sollten. In Eining, Straubing und Passau sind die speziell dafür angelegten massiven Kastellbauten gefunden worden.

Kaum ein Angehöriger der alten keltoromanischen Bevölkerung auf dem Land hatte die Barbareneinfälle überlebt, nennenswerte romanische Bevölkerungsreste gab es nur in den Städten. Die Provinz, wie übrigens das ganze Römische Reich, litt an extremem Menschenmangel. Es blieb nichts übrig, als verstärkt Germanen ins Land zu holen. Ganze Stämme wurden umgesiedelt und deren junge Männer für den Dienst in der Armee rekrutiert. Damit kamen wieder Heiden in das römische Reichsgebiet, in dem seit dem Jahr 313 das Christentum Staatsreligion war. So bleiben christliche Zeugnisse aus Niederbayern selten. In Eining ist ein Fingerring mit der Aufschrift „Vivas in Deo" – „Lebe in Gott" aufgetaucht; und aus Straubing weiß man, dass das dortige römische Brandgräberfeld auch in christlicher Zeit mit Körpergräbern belegt war. Die Toten wurden dabei, wie es bei den Christen üblich war, mit dem Kopf nach Osten bestattet. In der Lebensbeschreibung des Heiligen Severin, der im 5. Jahrhundert in Passau gewirkt hat, erfährt man außerdem mit Sicherheit von vier Kirchen im späteren Niederbayern: in Quintanis-Künzing, in Ioviacum-Engelhartszell, und zwei in Passau selbst. Die dortige Severinskirche in der Nachbarschaft des Kastells Boiotro hat, wie die Archäologen herausgefunden haben, tatsächlich einen spätantiken Vorläufer. Und ebenfalls archäologisch gesichert ist das Kloster, das der Heilige auf dem Gelände des im 5. Jahrhundert bereits geräumten Kastells Boiotro errichten ließ.

Die bescheidene Nachblüte römischer Kultur im Land war im Jahr 358 zu Ende. Während in Rom wieder einmal ein Bürgerkrieg um die Kaisernachfolge entbrannt war, nutzten die Juthungen, ein Teilstamm der Alamannen, die Gunst der Stunde für einen erneuten Einfall. Regensburg und auch Eining wurden erobert und niedergebrannt. Aus der Lebensbeschreibung des heiligen Severin ist zu erfahren, dass das flache Land, auch der fruchtbare Gäuboden, für die kommenden Jahrzehnte nahezu menschenleer geblieben ist. Die Bauern zogen sich in die befestigten Städte zurück und versuchten, von dort aus ihre Felder zu bewirtschaften. Östlich von Regensburg ließen sich am Nordufer der Donau die germanischen Rugier nieder und nahmen die Römerorte bis Passau gegen Tributzahlungen unter ihren Schutz.

Gleichzeitig tauchten hinter den Rugiern neue Leute auf, Germanen, die vorher in Südböhmen gelebt hatten. Sie kamen über die uralten Passstraßen des Bayerischen Waldes und erreichten bei Straubing die Donau. Wo diese „Männer aus Böhmen", auf germanisch: „Baio Varii", siedelten, ist ganz leicht anhand ihrer typischen Keramik festzustellen. Die ist nämlich, anders als die Keramik im Dunstkreis der römischen Kultur, nicht auf der Hafnerscheibe hergestellt, sondern ganz altmodisch von Hand aufgebaut. „Gruppe Friedenhain-Přešťovice" nennen die Forscher diese Leute nach wichtigen Fundorten dieser Keramik bei Straubing und in Böhmen. Die Zuzügler nun siedelten friedlich nördlich der Donau, zogen in die römischen Kastellorte zwischen Eining und Künzing ein und übernahmen schnell Führungsfunktionen bei den Truppen. Schließlich ersetzten sie sogar die letzten Einheiten romanischer Soldaten im Legionslager Regensburg. Bis zum Ende der Römerherrschaft wurden die Germanen aus Böhmen, die mit der angestammten Bevölkerung friedlich zusammenlebten, die tonangebende Bevölkerungsgruppe. Schließlich versuchten sogar romanische Hafner mit ihrer fortschrittlichen Technik, die Keramik der Leute aus Böhmen nachzumachen, um auch diese Kundschaft bedienen zu können.

Das Ende des Weströmischen Reiches 476 markiert zugleich das Ende der Römerherrschaft in Niederbayern. Der entscheidende Anstoß dazu ging von den Hunnen König Attilas aus. Sie durchzogen 451 die rätischen Provinzen auf ihrem Weg nach Gallien, wo sie von Römern und verbündeten Goten geschlagen wurden. Einer der letzten Siege Roms im Wirrwarr der germanischen Völkerwanderung. Überall setzten sich jetzt neue Barbaren auf Reichsgebiet fest und ließen sich dort auf

Dauer nieder. Versprengte Germanengruppen formierten sich zu Räuberbanden, die das Land unsicher machten.

Über das Leben in Niederbayern und den angrenzenden heute österreichischen Regionen donauabwärts sind wir aus der Lebensbeschreibung des heiligen Severin bestens informiert. Dort ist zu lesen, wie es mit der Wirtschaft in den römischen Gebieten immer weiter bergab ging. Die Felder konnten nur noch gemeinsam von den befestigten Wohnorten aus und unter ständiger Bewachung bestellt werden. Während die Leute bei der Feldarbeit waren, blieb einmal Batavis-Passau nur von vierzig Männern bewacht zurück. Da fiel ein germanischer Räuberhaufen in die Stadt ein, machte die Wachen nieder und raubte alles, was nicht niet- und nagelfest war, vor allem Lebensmittel, Getreide, Vieh. Die Bevölkerung verarmte, hatte keine Kleidung mehr. In Italien wurden alte abgetragene Kleider gesammelt und über die Alpen gebracht. Aber noch funktionierte der Schiffsverkehr auf Donau und Inn. Noch kamen Lebensmittel, vor allem Getreide, aber auch Olivenöl, in die Provinz.

476 setzte der Skirenfürst Odoaker den letzten weströmischen Marionettenkaiser Romulus Augustulus ab. Jetzt gab es keinen Sold mehr für germanische Bundesgenossen wie die Baiovarii, die, so gut es ging, Recht und Ordnung aufrechterhalten hatten. Zusammen mit der romanischen Zivilbevölkerung mussten sie den Schutz in Eigenregie übernehmen. In den Kastellorten donauabwärts von Quintanis-Künzing allerdings dominierten nach wie vor die Romanen und es gab noch reguläre Truppen, die sich mit dem Ende des Reiches nicht abfinden wollten. In der Lebensbeschreibung Severins heißt es: „Zu der Zeit, zu der das Römische Reich noch bestand, wurden in vielen Städten Soldaten zur Bewachung der Grenze mit öffentlichen Geldern unterhalten. Als diese Regelung ein Ende fand, lösten sich diese Truppen zugleich mit dem Grenzverteidigungssystem auf, nur die Abteilung von Batavis hielt noch so gut es ging aus. Von dieser hatten sich einige Mann nach Italien aufgemacht, um für ihre Kameraden den letzten Sold zu holen; doch auf ihrem Weg wurden sie von den Barbaren umgebracht."

Severin sorgte nun dafür, dass Romanen aus Quintanis-Künzing zuerst nach Boiotro-Passau und dann zusammen mit Bewohnern von Batavis nach Lauriacum-Lorch (Oberösterreich) evakuiert wurden. Daraus schloss man bisher, dass gerade in der Region an der unteren niederbayerischen Donau die Romanen in der Folgezeit keine gewichtige Rolle mehr spielten. Neueste archäologische Forschungen zum Beispiel in Straubing zeigen aber, dass auch nach Severin mit einer großen Zahl im Land verbliebener Romanen gerechnet werden muss. Das belegen darüber hinaus zahlreiche Ortsnamen zwischen Quintanis und Batavis, die keltoromanischen und nicht germanischen Ursprungs sind. Sogar das zum Ende des Römerreichs längst aufgegebene Passauer Kastell Boiotro lebt unter Ortsnamen wie „Beiderwiesbach" fort.

Römisches Erbe

Neben der materiellen Hinterlassenschaft, die in den Sammlungen Niederbayerns, wie dem Passauer Römermuseum Kastell Boiotro, dokumentiert ist, gehören natürlich die bis auf den heutigen Tag gebräuchlichen Fluss- und Ortsnamen zum wichtigsten Erbe dieser Zeit. Aber weit darüber hinaus haben sich im Bairischen zahlreiche „Romanismen" erhalten, die nur durch den romanischen Einfluss auf das Germanische erklärbar sind: Wörter wie Keller (cellerarium), Käse/Kas (caseus), Ziegel (tegula), Fenster (fenestra) haben schon früh den Eingang ins Gemeingermanische gefunden. Daneben gibt es aber auch lateinisches Spracherbe, das ausschließlich im bairischen Deutsch zu finden ist. Zu den unzähligen typisch bairischen Alltagswörtern, die auf lateinische bzw. romanische Wurzeln zurückgehen, gehören zum Beispiel: Senner und Sennerin (senior und seniora), rodeln (rotulare=rollen, stürzen), aper (schneefrei) (apericus=offen), Bambs (abwertend für „Kind") (bambus, bambinus= Trieb, Schössling, Kind), Baz (pacia= Schlamm), Bazi (Lump, durchtriebener Kerl) (pacius=schmieriger Kerl, Stümper, Lump), Kachel (cahalla=irdene Pfanne), Semmel (semola=Weizenmehl), Scherzl (curtis=kurz,), Wied (vitis=Rebe, Ranke). Trotz solcher Beweise für eine unbestreitbare romanische Substratsprache dominierte schließlich das Germanische – auch im Bewusstsein der Menschen. Bald gab es nur noch romanische

Sprachinseln, meist in entlegeneren Gebieten. Sie gerieten mehr und mehr ins gesellschaftliche Hintertreffen: Die „Walschen" galten bald als Hinterwäldler. Trotzdem haben sich unvermischte romanische Bevölkerungsteile lange gehalten. Noch in einem an der Donau entstandenen Bairischen Gesprächsbüchlein aus dem 9. Jahrhundert heißt es: „Töricht sind die Welschen, klug die Baiern; klein ist die Klugheit unter den Welschen, sie haben mehr Dummheit als Klugheit."

Die Baiovarii begannen von der starken Festung Regensburg aus den raetischen Raum neu zu ordnen. Unter ihrem Schutz kehrten Siedler aufs Land zurück, zogen die böhmisch-germanischen Verwandten, die bisher ähnlich den Rugiern „vor den Toren des Reichs" gesiedelt hatten, in die fruchtbaren Lössgebiete südlich der Donau, kamen Angehörige zahlreicher anderer Stämme, neben den Rugiern vor allem Alamannen, Langobarden, und die mit den Rugiern verbündeten Ostgoten, ins Land. Letztere wiederum betrachtete Odoaker, der neue König Italiens aus dem Stamm der Skiren, als seine Todfeinde. Um ihnen und den Rugiern, die hauptsächlich vom Schutzgeld der Römersiedlungen an der unteren Donau lebten, die wirtschaftliche Grundlage zu entziehen, gab er 488 den Befehl zum Rückzug aller in Raetien verbliebenen Romanen nach Italien. Obwohl tatsächlich nur wenige Romanen dem Aufruf gefolgt sein dürften und Rom die Provinz Raetien nach wie vor als ein Teil Italiens sah, gilt das als das endgültige Ende der Römerherrschaft in Niederbayern.

Kernland der Bayern:
Frühes Mittelalter

Zwischen den Fronten: die Bajuwaren

Obwohl die Baiovarii mittlerweile die tonangebende Gruppe in der Provinz waren: Von einem Land „Baiovaria" ist um die Wende vom 5. zum 6. Jahrhundert noch immer nicht die Rede. Das südbayerische Alpenvorland war und blieb ganz selbstverständlich die römische Provinz Raetia Secunda, dürfte sich auch weiterhin, wie all die Jahrhunderte zuvor, als nördlichste Provinz Italiens gefühlt haben. Ganz sicher sahen das die Großen der damaligen Welt ähnlich: Da ist zuallererst der Kaiser in Ostrom, dem naturgemäß daran gelegen war, den Anspruch auf Italien nicht aufzugeben. Wenngleich es in Westrom keinen Kaiser mehr gab, wo sich der Skire Odoaker zum „König von Italien" gemacht hatte: Die Idee des Imperium Romanum lebte fort. Das war selbstverständlich ebenso die Grundlage des Denkens aller germanischen Heerführer dieser Zeit, allen voran Theoderichs des Großen. Der Ostgotenkönig hatte 493 Odoaker eigenhändig beseitigt und herrschte nun als König über sein Volk und als patricius, als Stellvertreter des Kaisers, über Italien (mit Raetien), Dalmatien, Pannonien und die beiden norischen Provinzen östlich des Inns. Der König, der als „Dietrich von Bern" zur berühmten Sagengestalt wurde, kümmerte sich um die Restaurierung der römischen Macht; und dazu gehörte an vorderer Stelle die Sicherung der Grenzen.

Man weiß, dass Theoderich treue Breonen aus den Alpentälern zur Grenzverteidigung an die Donau geschickt hat. Da liegt es nahe, dass er mithilfe seiner gotischen Agenten und Beamten auch die seit jeher mit den Goten befreundeten Baiovarii als Söldner in römischen Diensten reaktiviert hat. Theoderichs Goten lassen sich auf raetischem Gebiet unschwer nachweisen. Denn bei vielen Goten war es zuzeiten Sitte, die Schädel von Kleinkindern künstlich zu deformieren. Solche

„Langköpfe", wie die Griechen sie nannten, finden sich, zusammen mit ostgotischen Fibeln, Gürtelschnallen und ähnlichen Grabbeigaben, gehäuft in südbayerischen Reihengräbern. Die meisten davon sind bisher in Straubing aufgetaucht.

Theoderichs Leute sorgten in Zusammenarbeit mit den Baiovarii wieder für Ruhe und Ordnung. Raetien wurde gebraucht als Glacis gegen die Franken, die sich am Rhein formierten. Sie waren die wichtigsten Konkurrenten der Ostgoten um die Macht im Westteil des römischen Reiches. Gallien hatten die Franken schon großteils in ihre Gewalt gebracht, jetzt griffen sie die Alamannen an, die im Nordwesten Raetiens saßen. Zahlreiche Alamannen flohen in der Folge zu den Ostgoten nach Raetien. Theoderich nahm sie 506 großzügig unter seinen Schutz. Gerade im späteren Niederbayern gab es jetzt neue Siedlungen, in denen ein kunterbuntes Völkergemisch hauste: Neben den immer noch vorhandenen Romanen sind das vor allem die Leute aus Böhmen, die Baiovarii, die zugezogenen Alamannen, die Goten und die mit den Goten verbündeten Langobarden. Die zu den neuen Dörfern gehörenden Friedhöfe, die zum Beispiel in Straubing oder in Viecht und Altheim (Lkr. Landshut) gefunden wurden, sprechen dazu eine deutliche Sprache. Die ersten Bestattungen in diesen Friedhöfen stammen allesamt vom Ende des 5. Jahrhunderts.

Die aus den befestigten Orten aufs Land zurückziehenden Romanen haben vermutlich die alten Plätze römischer Landgüter wieder bewirtschaftet. Auf diese „villae" sind möglicherweise die ersten Weiler („villarium" = befestigter Hof, Ansammlung von „villae") und Einzelhöfe zurückzuführen, die auch heute noch typisch für das niederbayerische Hügelland sind. Auch in den Städten donauabwärts von Straubing blieben die Romanen die zahlenstärkste Gruppe. Daneben haben hauptsächlich die zahlreichen alamannischen Neusiedler ihre Spuren hinterlassen: Die häufigen Orte auf „-ing" repräsentieren alamannische Siedlungsdörfer in Raetien. Bei ihnen handelt es sich eigentlich um klassische „-ingen"-Orte, wie sie bis auf den heutigen Tag typisch für Orte in Südwestdeutschland sind. Erst im hohen Mittelalter wurden die bayerischen „-ingen"-Ortsnamen auf „-ing" verkürzt. Die romanisch sprechende Einwohnerschaft Raetiens hat die germanische Überprägung ihrer Sprache großteils den Alamannen zu verdanken. Das beweisen die zahlreichen Gemeinsamkeiten zwischen den beiden heutigen oberdeutschen Regionalsprachen „alamannisch" und „bairisch".

In den ersten Jahrzehnten des 6. Jahrhunderts präsentiert sich Raetien zum letzten Mal als die nördlichste Provinz Italiens. Mit Hilfe der treuen Baiovarii und im Bündnis mit deren gleichfalls von den Franken bedrohten nördlichen Nachbarn, den Thüringern, versucht Theoderich die Lage an der Donau zu festigen und leistet dabei Geburtshilfe für einen neuen germanischen Stamm, der jetzt, als letzter aller germanischen Stämme, ins Licht der Geschichte tritt.

526 stirbt Theoderich der Große. Seine Nachfolger können das Erreichte nicht halten. Ostrom schickt schließlich eigene Feldherrn und marschiert in Italien ein. Um einen Zweifrontenkrieg zu vermeiden, tritt der Ostgotenkönig Witigis im Jahr 536 das Land zwischen Alpen und Donau komplett an den Frankenkönig Theudebert ab. Plötzlich ist von Raetien nicht mehr die Rede. Aber da ist der Name jener Häuptlingsschicht, die vor allem in Regensburg und Straubing den Ton angibt. Er wird nun zum Überbegriff für das ganze rätische Mischvolk, das in den letzten Jahrzehnten entstanden ist: die Bajuwaren.

Von der nördlichsten Provinz Italiens zur südlichsten Provinz im fränkischen Reich – der Übergang scheint alles in allem reibungslos verlaufen zu sein. Was aus dem Dux Raetorum, Theoderichs königsgleichem Raeterherzog, geworden ist, wissen wir nicht. Die Franken gaben dem neuen Stamm umgehend einen Herzog von ihren Gnaden. Er hieß Garibald und stammte aus dem Geschlecht der Agilolfinger, das die Herzogswürde, wie es danach das bayerische Stammesgesetz vorschrieb, vom Vater auf den Sohn vererbte.

Unter den Agilolfingern führt das Stammesgesetz, die „Lex Bajuwariorum", noch fünf besonders herausgehobene Adelsgeschlechter auf: die Huosi, die Fagana, die Hahhilinga, die Drozza und Anniona. Während Drozza und Aniona im heutigen Österreich lokalisiert werden, saßen die Huosi und die Fagana im Westen und der Mitte Altbayerns. Die Hahhilinga vermutet man in der Gegend von Regensburg. Vielleicht waren die Agilolfinger mit diesem Geschlecht verwandt. Wie sich jedenfalls schnell herausstellt, ist das bayerische Herzogsgeschlecht gerade im niederbayerischen Raum bestens begütert. Seinen Herzogshof richtet Garibald wie selbstverständlich in Regensburg ein. Weitere Herzogspfalzen gibt es in Passau und Straubing, außerdem in Aiterhofen, Osterhofen, Dingolfing, Velden, Reisbach und Aufhausen. Niederbayern wird das Kernland des bayerischen Stammesherzogtums.

Nach dem Tod des Frankenkönigs Theudebert ließ der fränkische Druck auf das neue Baivaria, das alte Raetien nach. Sofort gewannen wieder die alten Verbindungen in den Süden und den Osten an Gewicht. Als die Langobarden, die mit den Bajuwaren offenbar enge Beziehungen unterhielten, 568 als neue Ordnungsmacht nach Oberitalien gezogen waren, wurde ein neues Bündnis über die Alpen geschmiedet. In der alten Konstellation – die Donaulinie als Nordgrenze Italiens – sollte ein Ausgreifen der Franken in das Gebiet südlich der Alpen verhindert werden.

Um dieses Bündnis zu festigen, heiratete 589 die bayerische Herzogstochter Theodelinde den Langobardenkönig Authari. Doch dem bajuwarisch-langobardischen Treiben wollten die Franken nicht tatenlos zuschauen. Noch im gleichen Jahr fielen sie in Bayern ein. Wenig später zwangen die Franken die Langobarden zum Frieden, setzten Garibald ab und machten seinen Sohn Tassilo I. zum bayerischen Herzog.

Christliche Mission

Jetzt gewannen der innere Ausbau und die Festigung des neuen Stammesherzogtums an Gewicht. Eine wichtige Rolle spielte dabei das Christentum; denn, was den Glauben betrifft, präsentiert sich Bayern in dieser Zeit in bunter Vielfalt: Die Herzogsfamilie war, wie ihre fränkische Verwandtschaft und die Untertanen gleicher Abstammung, römisch-katholischen Glaubens. Ostgoten und Langobarden im Land sahen sich als Verfechter der christlichen Sekte der Arianer, manche germanischen Zuwanderer anderer Stämme waren sogar noch echte Heiden. Die eingesessenen Romanen wiederum und vielleicht auch die alten Baiovarii, die lange Zeit die Führungskaste im Land gestellt hatten, dürften in christlich-antiker Tradition eher Anhänger einer klassischen dezentralen Kirchenorganisation gewesen sein. Die Bistümer Rätiens gehörten im 6. und 7. Jahrhundert zum damals von Rom unabhängigen Patriarchat von Aquileja. Allerdings ist unklar, inwieweit die spätantike Kirchenorganisation Raetiens die Wirren der Völkerwanderungszeit überhaupt überstanden hat.

Kulttraditionen

Kultplätze mit langen, weit über die christliche Zeit hinausweisenden Traditionen gibt es viele in Niederbayern. Uralte Siedlungs- und vermutlich auch Kultorte, wie der Bogenberg (Lkr. Straubing-Bogen) oder der Wolfgangsberg bei Essenbach (Lkr. Landshut), wurden durch alle Zeiten aufgesucht. In römischer Zeit kam eine Reihe von Heiligtümern neu hinzu, die später christlich umgedeutet wurden. Frühe bajuwarische Christen haben daneben die Ruinen profaner Orte im Rahmen von Wallfahrten aufgesucht und an solchen für sie unheimlichen Plätzen, etwa in Eining oder in der Thermenanlage von Bad Gögging (beides Lkr. Kelheim), Kreuze aus Eisen oder Gold niedergelegt. Regelrechte christliche Kontinuität dürfte es vor allem in den Kastellorten entlang der Donau gegeben haben. Neueren archäologischen Erkenntnissen zufolge ist der Friedhof von Quintanis-Künzing kontinuierlich von der Römerzeit bis heute belegt. Auch die Vorgängerbauten der Künzinger Laurentiuskirche könnten in die Antike zurückreichen. Ein Beispiel ältester Märtyrerverehrung bietet die Wallfahrt zur heiligen Wolfsindis in der Nähe von Reisbach (Lkr. Dingolfing-Landau). Der Legende zufolge hat Wolfsindis dem alten Götterglauben abgeschworen und wurde deswegen von ihrem Vater umgebracht. An der Stelle ihres Todes soll eine Quelle entsprungen sein, der heute noch Heilkraft zugesprochen wird.

Noch für das ganze 6. Jahrhundert finden die Archäologen Hinweise auf christlich-heidnische Mischformen der Bestattung: Die Toten liegen nach christlicher Sitte unverbrannt in Reihengräbern, oftmals aber, wie es heidnischen Traditionen entspricht,

Kloster Weltenburg im Jahr 1608. Das Aquarell zeigt die Konventgebäude noch in ihrer mittelalterlichen Erscheinungsform vor der umfassenden Barockisierung im 18. Jahrhundert.

mit Schmuck und voller Bewaffnung. Zahlreich sind auch die Amulette, die in diesen Gräbern auftauchen und auf den heidnischen oder zumindest nur oberflächlich christlichen Charakter der bestatteten Person schließen lassen. In Staubing bei Weltenburg (Lkrs. Kelheim) haben Archäologen ein wichtiges Zeugnis des allmählichen Vordringens von christlichem Gedankengut gefunden. Um die Reste einer frühchristlichen Holzkirche des 6. Jahrhunderts entdeckten sie rund 170 Reihengräber. Darunter auch das Grab eines kleinen Mädchens, dem zwar nach heidnischem Brauch Beigaben mitgegeben wurden, das aber auch ein sogenanntes Goldblattkreuz aufweist, ein christliches Symbol, das auf dem Totenschleier aufgenäht war. Um die Wende vom 6. zum 7. Jahrhundert kamen dann, vermutlich auf Einladung des Herzogshauses, irische Missionare nach Bayern. Um 615 predigte der Columbanermönch Eustasius, wie es in der „Vita Columbani" heißt, „bei den Boiern, die jetzt Bayern heißen". Eustasius hat möglicherweise um 620 das Kloster Weltenburg am Fuße des seit der Jungsteinzeit besiedelten Frauenbergs gegründet. Die heutige Benediktinerabtei in der Donauschleife ist so das älteste noch bestehende Kloster in Bayern. Die Klostergründung des heiligen Severin in Passau hatte den Zusammenbruch der Römerherrschaft nicht überlebt.

Der wichtigste Missionar dieser Zeit war der irisch-gallische Wanderprediger Emmeram, der schon bald nach Eustasius gewirkt haben soll. Emmeram kümmerte sich von Regensburg aus um die kirchliche Reorganisation Niederbayerns. In Emmerams Lebensbeschreibung heißt es, die Bajuwaren seien damals „erst vor kurzem zum Christentum bekehrt" gewesen und „hatten zu jener Zeit den Götzendienst noch nicht völlig bei sich ausgemerzt, denn wie ihre Väter tranken sie mit ihren Kindern aus demselben Kelch die Minne Christi und der Dämonen". Daher habe der ehrwürdige Bischof Emmeram beschlossen, „den Götzendienst von Grund auf auszurotten" und sei dazu drei Jahre lang predigend durchs Land gezogen. Es lässt sich nicht mit Sicherheit feststellen, ob dieses „Minnetrinken" tatsächlich ein heidnischer Brauch war, wie lang vermutet wurde. Es könnte auch sein, dass Emmeram hier einen alten Agape-Ritus (griech. „agape"=Minne=Liebe) bekämpft, wie er möglicherweise in der von Rom abtrünnigen Kirchenprovinz Aquileja üblich war. Im katholischen Bayern haben sich jedenfalls Reste der heute nur noch in der Ostkirche üblichen „Agape" erhalten: Zum Fest Johannes des Täufers trinken die Gläubigen traditionell die „Johannesminne".

Wanderbischöfe

Emmeram soll schließlich vom Sohn des Herzogs umgebracht worden sein, weil er angeblich dessen Schwester geschwängert hatte. Sein Nachfolger, der heilige Erhard, starb wahrscheinlich eines natürlichen Todes. Dass aber auch sein Leben oft beschwerlich und gefährlich war, das illustriert eine Sage aus Altheim (Lkr. Landshut). Danach hatten ihn die Altheimer Bauern gerufen, mit der Bitte, er solle eine Viehseuche in ihren Ställen austreiben. Weil er dabei aber erfolglos blieb, jagten die Altheimer den Bischof mit Hunden zum Dorf hinaus. Auf seiner Flucht soll Erhard dann die Isar mit Hilfe eines schwimmenden Granitsteins überquert haben, den er später als Altarstein in der Kirche von Frauenberg (Stadt Landshut) verwendete. Der Stein wird in Frauenberg noch heute gezeigt und verehrt.

Alles in allem war die Arbeit dieser ersten Missionare mehr oder weniger planlos. Es fehlte die Rückbindung nach Rom, und die Herzöge störte überdies der Einfluss, den die Frankenkönige über diese Männer ausüben konnten. Um 700 versuchte deswegen Herzog Theodo, gemeinsam mit dem Papst eine eigenständige bayerische Kirchenorganisation ins Leben zu rufen. Und so verordnete Papst Gregor im Jahr 716 die Errichtung von exakt gegeneinander abgegrenzten Bistümern in den Residenzstädten der einzelnen bayerischen Teilherzogtümer Regensburg, Freising und Salzburg. Obwohl Passau keine eigene Teilresidenz war, setzte der Papst auch dort einen Bischof ein; vermutlich, weil es in Passau immer noch eine funktionierende kirchliche Administration gab. Erst Herzog Theodos Enkel Odilo erlebte aber, dass die bayerische Kirchenprovinz tatsächlich Wirklichkeit wurde. 739 ersetzte der Angelsachse Bonifatius die iroschottischen Bischöfe in Regensburg, Salzburg und Freising durch treue Anhänger Roms. Nur der Passauer Bischof Vivilo, der ja bereits vom Papst legitimiert war, durfte bleiben.

Einst und jetzt teilen sich vor allem die Regensburger und die Passauer Diözese in das heutige niederbayerische Gebiet. Wobei beide Diözesen von Anfang an weit über das Land zwischen Inn und Donau hinausgereicht haben. Sie sahen als ihre Hauptaufgaben die Mission im Osten. Das Bistum Regensburg war hauptsächlich auf dem bairischen Nordgau vertreten und engagierte sich in der Mission der heidnischen Böhmen. Passau dagegen erstreckte sich an der Donau entlang bis über Wien hinaus. In Mähren lieferten sich die Passauer Missionare heftige Auseinandersetzungen mit den byzantinischen Slawenaposteln Kyrill und Method. Erst 870 konnte die Frage endgültig geklärt werden, wer dort missionieren darf. Schließlich setzten sich Passau und der Westen durch: Mähren, Böhmen und später Ungarn wurden römisch-katholisch, erhielten lateinische Schrift und Kultur.

Gleichzeitig mit der romtreuen Neuorganisation der bayerischen Bistümer entstanden die ersten Klöster, die, anders als bisherige Gründungen und Domklöster der Iroschotten, wenigstens annähernd, die benediktinische Regel befolgten. 741 berief Herzog Odilo Mönche von der Reichenau und stiftete für sie an der Mündung der Isar in die Donau, auf Passauer Diözesangebiet, die Abtei Niederaltaich, die er reich ausstattete. Knapp drei Jahrzehnte später folgte die Abtei Metten, diesmal die Stiftung eines ortsadeligen Geschlechts im Bistum Regensburg. Die beiden großen Donauabteien hatten vordringlich die Aufgabe, das undurchdringliche Waldgebirge nördlich der Donau zu kolonisieren.

Die Entdeckung des Waldgebirges

In den ersten eineinhalb Jahrhunderten seit seiner Gründung organisierte das Kloster Niederaltaich die Rodung des Lallinger Winkels bis zum Brotjacklriegel und zur Rusel. Dort entstanden in dieser Zeit rund 120 Ortschaften. Die Grundholden der Mettener Mönche drangen im Lauf des 9. Jahrhunderts weit ins Regental vor. Die Ungarneinfälle ab dem Beginn des 10. Jahrhunderts setzten der regen Siedlungstätigkeit ein jähes Ende. Niederaltaich und Metten wurden von den Reiterhorden wiederholt schwer verwüstet, schließlich wanderten die Mönche ab. Während Metten erst im 12. Jahrhundert als Benediktinerkloster neu gegründet wurde, nahm Niederaltaich schon 990 seine Kolonisierungstätigkeit wieder auf. In Rinchnach (Lkr. Regen) gründete die Abtei ein Zweigkloster, das bald der Mittelpunkt der Rodungs- und Siedlungstätigkeit im mittleren Bayerischen Wald wurde. Der Kaiser gewährte der Niederaltaicher Propstei Rinchnach schließlich eine Besitzbestätigung für ein riesiges Gebiet im Umkreis, das bisher als herrenlos gegolten hatte. Inspiriert von den Erfolgen der beiden Donauabteien, machten sich in der Folge auch die größeren Stadtabteien sowie große und kleine weltliche Adelige an die Kolonisationsarbeit. So organisierten die Mönche aus Pfaffmünster im Auftrag der Grafen von Bogen die Kolonisation von großen Teilen

Kloster Niederaltaich. Kupferstich von Michael Wening, 18. Jahrhundert.

des Vorwalds. Die Rodung des Unteren Bayerischen Walds schließ=
lich war ein Werk der Abtei Niedernburg. Sie hatte das Land öst=
lich der Ilz vom Kaiser als „Land der Abtei" erhalten. Die letzten
Rodungen im Abteiland dauerten bis ins 18. Jahrhundert.

Bereits Herzog Hucbert hatte in Kühbach-Rotthalmünster ein
adeliges Nonnenkloster eingerichtet; das zweite bayerische
Frauenkloster überhaupt nach dem Nonnberg in Salzburg.
Münchsmünster bei Neustadt an der Donau, weiter donauab=
wärts Weltenburg, Pfaffmünster bei Straubing und Niedern=
burg bei Passau wurden neubegründet oder zumindest bene=
diktinisch reformiert. Auch im niederbayerischen Hügelland
blühten zahlreiche Konvente: Steinachmünster bei Straubing,
Münster bei Rottenburg an der Laaber, Münster bei Velden an
der Vils und Osterhofen.

Die tassilonische Katastrophe

Herzog Tassilo III., der bedeutendste bayerische Klostergrün=
der des 8. Jahrhunderts, hat dem heutigen Niederbayern keines
seiner großen Stifte geschenkt. Sein Hausstift im oberöster=
reichischen Kremsmünster aber war von vornherein als Schutz=
kloster für das bajuwarische Kernland zwischen Donau und Inn

49

gedacht. Nach den großen Siegen Tassilos gegen die Karantanen sollte sich das Kloster fortan um die Slawenmission kümmern und damit der wichtigste Brückenkopf für die Eingliederung der karantanischen Mark ins Herzogtum werden. Für diese anspruchsvolle Aufgabe setzte Tassilo als ersten Abt seinen Kaplan Fater ein, der aus Niederaltaich stammte, und dotierte den Konvent überaus reich. Der berühmteste der Schätze, die heute noch in Kremsmünster gezeigt werden, ist der Tassilo-Kelch, das bedeutendste Goldschmiedekunstwerk der damaligen Zeit.

Der Kelch, gearbeitet aus Kupfer, kostbar versilbert und vergoldet, zeigt den segnenden Christus, dazu Maria, Johannes den Täufer und die vier Evangelisten. Am Fuß ist eine eingekerbte Umschrift zu lesen: Tassilo Dvx Fortis Livtpirc Virga Regalis – Tassilo, tapferer Herzog und Liutpirc aus königlichem Geschlecht. Ein selbstbewusster Hinweis auf die königsgleiche Stellung Herzog Tassilos. Doch die Entstehung eines unabhängigen bajuwarischen Königreichs konnten die Frankenkönige nicht dulden.

Schließlich machte Karl der Große Tassilo im Jahr 788 den Prozess. Dabei traten eine Reihe frankenfreundlicher bayerischer Großer, darunter die Bischöfe von Regensburg und Passau, als Belastungszeugen gegen den Agilolfinger auf. Den Bischöfen war vor allem die Einschränkung ihrer Macht durch Tassilos systematische Förderung der Klöster ein Dorn im Auge. Die Hauptvorwürfe gegen den Bayernherzog: Ungehorsam, Widerstand gegen den König, hochverräterische Beziehungen zu den awarischen Feinden im Osten; und schließlich wurde Tassilo auch noch Fahnenflucht aus dem Heer des Frankenkönigs vorgeworfen.

„Bruder Romuald"

Tassilo wurde abgesetzt und zusammen mit der kompletten agilolfingischen Familie in Klosterhaft gebracht. Ob er vorher tatsächlich geblendet wurde und in welches Kloster er wanderte, ist nicht bekannt. Die Tradition will wissen, dass der einst so mächtige bayerische Herrscher als Bruder Romuald seine Tage im Kloster

> Weltenburg beschloss: Der blinde Mönch von Weltenburg soll, einer alten Sage zufolge, alljährlich am 11. Dezember, der Nacht seines Todes, in der Klosterkirche erscheinen, sich am Altar niederwerfen und dort für Land und Volk der Bayern beten.

Die Entmachtung Tassilos hatte Bayern endgültig ins fränkische Reich eingegliedert. Zehn Jahre danach war aus der bayerischen Landeskirche eine fränkische Reichskirche, aus dem königsgleichen Herzogtum eine Provinz des Frankenreichs geworden. Doch auch die mächtigen Franken konnten letztlich an der Einheit des Stammesherzogtums nicht rütteln. Im Lauf der karolingischen Reichsteilungen gewann Bayern immer mehr Gewicht. Karls Enkel, Ludwig der Deutsche, erhielt 817 Bayern und die östlich angrenzenden Gebiete als Unterkönigtum. 830 nennt er sich „König der Baiern". Nach Ludwigs Tod 876 wird sein Sohn Karlmann König dieses „regnum bavariae", dieses „bayerischen Reichs".

Herzogsland, Bischofsland, Reichsland: Das Hochmittelalter

Die Ungarn kommen

Durch alle Zeiten war die Donau der große Transportstrom für die wichtigsten Neuerungen aus dem Osten nach ganz Mitteleuropa gewesen. Und Niederbayern war vorndran – im Guten wie im Schlechten. Zu Beginn des 10. Jahrhunderts erlebte Niederbayern eine seiner schlimmsten Prüfungen in historischer Zeit: Das Herandrängen der Ungarn. Die Reiterkrieger waren aus ihren angestammten Wohnsitzen am Schwarzen Meer vertrieben worden und suchten nun eine neue Bleibe im Westen. Die Jahrzehnte zuvor waren die Karolinger noch mit ihnen verbündet gewesen, jetzt, im Jahr 900, da mit Ludwig dem Kind ein letzter schwacher Vertreter des ostfränkischen Zweigs der Dynastie auf dem Regensburger Thron saß, griffen die furchterregenden Krieger aus dem Osten an.

Wenige Monate vorher hatte der bayerische Markgraf Luitpold noch eine große Versammlung des gesamten bayerischen Adels in Reisbach (Lkr. Dingolfing) geleitet, aus der er offenbar als ungekrönter Herrscher Bayerns hervorging. Und als solcher war er in den ersten Schlachten außergewöhnlich erfolgreich: Die Ungarn kamen bis zur Enns, nicht weiter. Verlockt durch die Anfangserfolge wagten sich die Bayern 907 in die Offensive und steckten bei Pressburg eine vernichtende Niederlage ein. Zahlreiche Bischöfe und Adelige, darunter auch der Markgraf, blieben auf dem Feld.

Unmittelbar nach der Niederlage trat Luitpolds Sohn Arnulf auf den Plan. Er wartete nicht auf eine Ernennung durch das fränkische Königshaus, ausschlaggebend, dem Vater „im Herzogtum nachzufolgen", wie es damals hieß, war lediglich die eigene Machtfülle. Und genau diese Machtfülle nutzte er nun im Kampf gegen die Ungarn: Sofort nach seinem Herrschaftsantritt säkularisierte er Klöster im großen Stil, vor allem die im heutigen Niederbayern, und gewann dadurch Geld und Leute. Nun konnte er das Klostergut an Vasallen zu Lehen geben – schwerbewaffnete Reiter, die den ebenfalls zu Pferd kämpfenden Ungarn gewachsen waren. Sein Vorgehen trug ihm in der Geschichtsschreibung der Klöster den Beinamen „der Böse" ein, zahlte sich aber in der Folge aus.

909 erfolgte der bis dato schwerste Angriff der Ungarn. Sie stießen über Inn und Donau bis nach Schwaben vor, nicht ohne zuvor ganz Niederbayern verwüstet zu haben. Von den gerade säkularisierten Klöstern ließen sie kaum die Gebäude übrig. Das war das endgültige Todesurteil für die meisten der kleineren Konvente. Vor allem die erwähnten Klöster im niederbayerischen Hügelland, wurden nie wieder aufgebaut. An sie erinnern heute nur noch die „Münster"-Bestandteile in den Ortsnamen.

Fliehburgen

Die Ungarnzeit markiert den Beginn des mittelalterlichen Burgenbaus in Niederbayern. Überall im Land entstanden jetzt die berühmten Fliehburgen, in die sich die Bevölkerung mit Vieh und anderem Hab und Gut retten konnte. Die niederbayerischen Adeligen setzten dazu zahlreiche vorgeschichtliche oder römerzeitliche Wallanlagen und Höhensiedlungen instand oder bauten sie zumindest aus; zum Beispiel den großen Abschnittswall auf dem Frauenberg bei Weltenburg oder die bronzezeitlichen Wälle auf dem Bogenberg. Die umfangreichste dieser Anlagen ist die Wischlburg bei Stephansposching (Lkr. Deggendorf). Sie ist rund fünfeinhalb Hektar groß.

Herzog Arnulf reagierte auf diesen ersten schweren Überfall mit Macht. Den mit reicher Beute beladenen Ungarnhorden brachte er an der Rott zwischen Eggenfelden und Pfarrkirchen eine Niederlage bei. Im Jahr darauf ein erneuter Ungarneinfall: Schwäbische und fränkische Heere operierten erfolglos und erlitten schlimme Niederlagen. Erst den Bayern unter Arnulf gelang es, zumindest über ein Teilheer der Ungarn zu siegen. Nach einem Jahr Pause waren die Magyaren aber erneut in Bayern unterwegs. Wieder legte sich Arnulf, diesmal am Inn, dem mit Beute beladenen Tross in den Weg; und wieder setzte es eine schwere Niederlage für die Ungarn. Diesmal aber folgten erstmals diplomatische Verhandlungen. Arnulf ließ gefangene Anführer der Ungarn frei und die verzichteten im Gegenzug für 14 Jahre auf Beutezüge durch Bayern.

Seine Erfolge gegen die Ungarn stärkten die Stellung Arnulfs ungemein. 919 wurde er von bayerischen und fränkischen Großen zum König gewählt, verzichtete aber gegenüber König Heinrich von Sachsen auf den Titel. Im Gegenzug erhielt er in Bayern absolute Handlungsfreiheit nach innen und außen. Das Ende der Ungarngefahr aber erlebte Herzog Arnulf nicht mehr. Erst 955 gelang es Otto dem Großen, das riesige magyarische Heer auf dem Lechfeld zu vernichten.

Jetzt schlug die große Stunde der Passauer Ostmission. Rund zwanzig Jahre lang dauerte die zähe Missionsarbeit unter Beteiligung des großen Passauer Bischofs Pilgrim, bis der magyarische Großfürst Geza überredet werden konnte, seinen Sohn taufen zu lassen. Damit war die orthodoxe Konkurrenz Konstantinopels, die ebenfalls in Ungarn tätig war, ausgeschaltet. Der ungarische Prinz erhielt den Namen des Passauer Bistumspatrons Stephan. 995 heiratete er die bayerische Herzogstochter.

Stephan und Gisela

Im Jahr 1000 ließ sich Großfürst Stephan in Gran von einem Abgesandten des Papstes zum ungarischen König krönen. Stephan I. baute sein neues Reich mit tatkräftiger bayerischer Hilfe auf. 1083 wurde er gemeinsam mit seinem Sohn heiliggesprochen. Gisela überlebte Stephan um viele Jahre. Nach dem Tod des Königs kehrte sie in ihre bayerische Heimat zurück und verbrachte ihre letzten 20 Lebensjahre im Passauer Benediktinerinnenkonvent Niedernburg, dem sie bis 1065 als Äbtissin vorstand. 1976 wurde die große bayerische Ungarnkönigin von der Kirche in den Rang der Seligen erhoben. Ihr Grab in der Niedernburger Klosterkirche ist bis heute Ziel vieler ungarischer Pilger.

Bischof Pilgrims Erfolge festigten seinen Machtanspruch im Osten und machten Passau für Jahrhunderte zur größten Diözese im Reich. Mit Hilfe von gefälschten Dokumenten versuchte der Bischof sogar, einen Anspruch Passaus als Metropole einer riesigen donauländischen Kirchenprovinz von der Isar bis zur Savemündung zu konstruieren. Obwohl dieses Vorhaben fehlschlug, entwickelte sich das Passauer Bistum prächtig. Die gesamte heutige ober- und niederösterreichische Donau entlang häuften sich die Passauer Besitzungen. Linz, die ganze Wachau, Krems, St. Pölten waren lange Zeit von der niederbayerischen Bischofsstadt abhängig. Auch die Wiener Hauptkirche erhielt das Passauer Patrozinium: Der weltberühmte „Steffel" wurde erst im 15. Jahrhundert Zentrum einer von Passau unabhängigen kleinen Wiener Diözese.

Städte wie Passau spielten bis zum Hochmittelalter noch nicht die kulturtragende Rolle, die ihnen später zukam. Freilich wurde der Osthandel zu den Böhmen, Mähren und Ungarn, sogar bis ins russische Reich von Kiew über die Donauhäfen, beziehungsweise den berühmten Goldenen Steig durch den Böhmerwald abgewickelt. Niederbayerische Kaufleute und Zwischenhändler lieferten Salz und hochpreisige Luxusgüter, führten im Gegenzug Wachs, Pferde und Sklaven ein und wurden reich.

Trotz solcher wirtschaftlicher und kultureller Erfolge in den Städten – geprägt ist die Entwicklung Niederbayerns in der Zeit des beginnenden Hochmittelalters von den Vorgängen auf dem Land. Die alte Schicht der germanischen Unfreien und Leibeigenen verschmolz jetzt allmählich mit den früheren Königsfreien. Während die einen rechtlich aufstiegen, gaben die ehemaligen Freien Rechte ab und nahmen Land vom Adel zu Lehen. In dieses System wurden jetzt auch die romanisch gebliebenen Bevölkerungsgruppen eingebunden, die bisher direkt dem Herzog zinspflichtig gewesen waren. Damit entwickelte sich eine immer stärkere Adelsmacht, andererseits aber auch ein verhältnismäßig homogener Bauernstand, der seine Abgaben leistete und dafür als Gegenleistung den bewaffneten Schutz des Adels erhielt. Gerade im Osten Bayerns, wo die herzogliche Macht stark war, setzte man von vornherein auf eine differenzierte Aufgliederung des Landes in einzelne Gaue mit jeweils einem Gaugrafen: Der Kelsgau mit Kelheim und Weltenburg, der Donaugau südlich von Regensburg, der Künziggau um Künzing, der Rottachgau am Inn und der Isengau. In den Rodungsgebieten des Nordwaldes entstand im Hochmittelalter, als Nachzügler gewissermaßen, der Schweinachgau. Merkwürdig „gauleer" und damit in ausschließlich herzoglicher Verwaltung blieb lediglich das Isartal.

Im Gegensatz also zu den Zeiten während und nach dem Zusammenbruch des römischen Landfriedens mit ihrer dauernden Unsicherheit funktionierten jetzt die Macht- und Schutzverhältnisse wieder, was einem enormen technologischen und wirtschaftlichen Aufschwung Raum gab. Die Dreifelderwirtschaft löste die alte Feld-Gras-Wirtschaft ab und ermöglichte damit auf den guten niederbayerischen Böden eine starke Steigerung der Erträge.

Goldsucher

Einen nicht zu unterschätzenden Wirtschaftszweig stellte die Goldwäsche an Donau, Isar und Inn dar. Besonders ergiebig waren seit jeher die goldhaltigen Sande aus dem Isartal im Hügelland zwischen Landshut und Plattling. Die Goldwäscher lebten dabei bevorzugt auf den südlichen Hangleiten. Dort waren sie vor Hochwässern sicher, hatten andererseits aber kurze Wege zu den ständig wechselnden Kiesbänken, an deren südlichen Enden die besten Goldwaschstellen waren. Der Ort Goldern bei Niederaichbach (Lkr. Landshut) ist

Dukaten aus Isargold. Zwischen 1756 und 1830 wurden diese Goldmünzen geprägt. Auf der Vorderseite tragen sie den Kopf des jeweiligen bayerischen Kurfürsten oder Königs, auf der hier gezeigten Rückseite ist der Flussgott Isara beim Goldwaschen zu sehen.

bereits im Jahr 916 als Wohnort von professionellen Goldsuchern genannt. Im Wappen führt Goldern seit alten Zeiten die goldfarben quer gestreifte Isar. 1477 erteilte Herzog Ludwig der Reiche von Bayern-Landshut Goldsuchern aus Landshut, Süßbach bei

Niederviehbach (Lkr. Dingolfing-Landau), Loiching (Lkr. Dingolfing-Landau) und Plattling (Lkr. Deggendorf) die offizielle Bewilligung für das Goldwaschen in der Isar. Das gewonnene Edelmetall musste gegen Lohn an den Herzog abgeliefert werden. Ab dem 16. Jahrhundert gab es eine eigene bayerische Goldwährung, den Gulden. Für ihn wurde unter anderem niederbayerisches Flussgold verwendet. Noch im 19. Jahrhundert prägte das Kurfürstliche Münzamt zu München Dukaten „ex auro Isarae", die heute hohe Preise bei Münzauktionen erzielen. Die Goldwäscherei an der Isar wurde erst gegen Ende des 19. Jahrhunderts eingestellt. Die Flussregulierung hatte den Goldsuchern buchstäblich das Wasser abgegraben.

Jetzt hatten auch die althergebrachten niederbayerischen Spezialitäten und Sonderkulturen wieder Konjunktur. Der Weinbau, den bereits die Römer an Donau und Isar eingeführt hatten, begann wieder zu blühen. Um Zeilarn (Lkr. Rottal Inn), ähnlich wie in Zeitlarn nördlich von Regensburg, konzentrierten sich seit Kelten- und Römerzeiten Sonderkulturen rund um die Zeitler (Imker), die Honig und Wachs produzierten. Dafür sprechen die aus dem Keltischen stammenden Ortsnamensbestandteile „Cidel" = Biene und „Lare" = Wächter. In Pöchlarn an der Donau (früher Bistum Passau, heute Niederösterreich) stand die gewerbsmäßige Pechherstellung für die Donauschifffahrt im Mittelpunkt. Und nicht zuletzt stammen auch die frühesten Erwähnungen des Hopfenanbaus in der Hallertau aus dieser Zeit.

Königliches Kronland und Welfenherzogtum

Nach dem Tod Herzog Arnulfs und dem Sieg Kaiser Ottos über die Ungarn büßte die bayerische Herzogsgewalt ab der zweiten Hälfte des 10. Jahrhunderts enorm an Selbstständigkeit ein. Vom karolingischen Teilreich wurde Bayern und damit auch Niederbayern allmählich zum eng an die Königsfamilie gebundenen Kron- und Reichsland. Gleichzeitig baute das ostfränkische Adelsgeschlecht der Babenberger seine Herrschaftsrechte vor allem im niederbayerischen Raum stark aus und erwarb althergebrachte Grafschaftsrechte zwischen Donau und Isar. Kaiser Heinrich II. schenkte außerdem zahlreiche Herzogs- und Königsgüter gerade zwischen mittlerer Isar und unterem Inn an sein neu gegründetes Bamberger Bistum. Im Gegensatz dazu waren die bayerischen Herzöge dieser Zeit im Land kaum mit eigenen Gütern verwurzelt.

Spätestens seit Kaiser Heinrich II., der als Heinrich der IV. zuvor bayerischer Herzog gewesen war, war der Titel des Bayernherzogs für den jeweiligen königlichen Thronfolger vorgesehen. Wenn es einen solchen nicht gab, wurden fremde Herzöge ein- und nach Gutdünken des Königs wieder abgesetzt. Dazu kamen erhebliche territoriale Verluste: Tirol begann sich allmählich aus dem Verband des alten Herzogtums zu lösen, die Karantanische und die Steirische Mark wurden nach und nach als Herzogtümer Kärnten und Steiermark selbstständig, und in der östlichen Mark, im Gebiet des Bistums Passau, dem nachmaligen Österreich, stiegen die Babenberger zu herzogsgleichen Markgrafen auf. 973 wurde obendrein die böhmische Mark, die bisher zum Einflussbereich des Bistums Regensburg gehört hatte, ein eigenes Herzogtum. Damit war das östliche Machtgebiet der späteren bayerischen Landesfürsten bereits in etwa auf das heutige Niederbayern beschränkt.

Die Stadt Deggendorf

In die Regierungszeit Kaiser Heinrichs II. fällt die erste urkundliche Erwähnung Deggendorfs. Freilich ist die Siedlungsgeschichte des Deggendorfer Raums älter. Bis ins 6. Jahrtausend vor Christus konnten die Archäologen auf dem Natternberg Siedlungsspuren nachweisen. Ab 1200 vor Christus befand sich auf dem Natternberg eine der bronzezeitlichen Burgen mit einer stadtähnlichen Siedlung unterhalb des Berges. Die erste Siedlung nördlich der Donau entstand zur Keltenzeit. Aber erst im 12. und 13. Jahrhundert beginnt die Geschichte des heutigen Deggendorf. In den 40er-Jahren des 13. Jahrhunderts erbten die Wittelsbacher Deggendorf von den Grafen von Bogen und den Babenbergern und förderten den Ausbau der Stadt. 1316 erhielt Deggendorf das Stadtrecht.

Ansicht der Stadt Deggendorf. Kupferstich von Matthäus Merian, 1644.

1070 kam mit Welf I. erstmals das Geschlecht der Welfen auf den bayerischen Herzogsthron. Während sie Großmachtpolitik im Reich trieben, griffen die Babenberger Markgrafen weiter nach Westen aus, versuchten über das Bistum Passau und Niederbayern zu Einfluss in ganz Bayern zu kommen. Fast das ganze 12. Jahrhundert hindurch verstanden sie es, die Auseinandersetzungen zwischen Staufen und Welfen zu ihrem Vorteil zu nutzen. 1136 gelang es Markgraf Leopold erstmals, für zwei Jahre die bayerische Herzogswürde zu erobern, wenig später wurde sein Bruder Heinrich Jasomirgott für 13 Jahre Herzog in Regensburg. Der Gemahl einer byzantinischen Kaisertochter wurde der maßgebliche Gegenspieler des berühmten Heinrich des Löwen, dem es 1155 als letztem Welfen noch einmal gelang, die Macht über Bayern zu erhalten.

Den Preis dafür zahlte das alte Herzogtum. Denn Kaiser Friedrich Barbarossa teilte das alte Stammesgebiet auf. Beim Reichstag zu Regensburg, der 1156 weit vor den Toren der Stadt, auf den Barbinger Wiesen stattfand, musste Heinrich Jasomirgott dem Kaiser symbolisch für Bayern sieben Fahnen überreichen. Fünf davon bekam der neue Herzog Heinrich der Löwe, die restlichen zwei erhielt Heinrich Jasomirgott zurück – als erster Herrscher des neuen Herzogtums Österreich. Wo die neue Ostgrenze Niederbayerns damals genau lag ist umstritten. Fest steht, dass die Österreicher ihren Einflussbereich in den nächsten Jahrzehnten bis vor die Tore von Passau ausdehnten. Bayern und Österreich – für die kommenden acht Jahrhunderte bestimmte dieser Dualismus das Leben der Menschen im Süden

Deutschlands. Oft genug standen sich die Brüder als Todfeinde gegenüber und oft genug hatte gerade Niederbayern unter dieser Feindschaft schlimm zu leiden.

Heinrich der Löwe aber, dem Bayern die Teilung letztlich zu verdanken hatte, kümmerte sich kaum um sein südliches Herzogtum. Die alteingesessenen Adelsgeschlechter und die Bischöfe nutzten einmal mehr die Gunst der Stunde. Schon seit vielen Jahrzehnten bauten sie ihre jeweiligen Machtgebiete kräftig aus und machten aus Niederbayern ein regelrechtes Adelsland. Im Westen Niederbayerns waren das die Grafen von Scheyern, die sich später „Wittelsbacher" nannten. Im Zentrum des Landes selbst, der mächtige Graf Rapoto I. von Ortenburg, der außer seiner Stammburg im heutigen Landkreis Passau zahlreiche Vogteien über Klöster und großen Besitz vom Rottal über den Chiemgau bis ins Tiroler Unterland besaß. Auch den berühmten Grafen von Andechs-Meranien gelang es, sich in Niederbayern festzusetzen. Sie traten das Erbe der Grafen von Vornbach in deren Familienklöstern und Herrschaften an. Unter anderem in Vornbach selbst, in Suben bei Passau, in Neuburg am Inn, Schärding, Rottenburg/Niederbayern. Nördlich der Donau setzte sich das Grafengeschlecht der Diepoldinger fest.

Niederbayerischer Adel

Typisch für Niederbayern ist die Ausbildung zahlreicher kleinerer Adelsherrschaften wie die der Grafen oder Edelfreien von Abensberg, Bruckberg, Ering, Falkenstein, Fraunhofen, Frontenhausen, Gangkofen, Haarbach-Geisenhausen, Haag, Hals, Kirchberg, Leonberg, Moosburg, Osterhofen, Reisbach, Riedenburg, Roning, Rottenegg-Ratzenhofen, Stefling, Velden-Eberspoint oder der Grafen von Wasserburg. All diese Adelsfamilien fanden Rückhalt und Stütze bei den Bischöfen von Bamberg, Regensburg, Passau, Freising und Salzburg, die allesamt beträchtliches Interesse am niederbayerischen Raum hatten. Denn indem die Bistümer in Niederbayern den Aufstieg kleinerer und mittlerer Adliger begünstigten, hielten sie den Einfluss von Herzog und König fern und konnten in ihren Städten in Ruhe am Auf- und Ausbau ihrer eigenen Herrschaften arbeiten.

Eine ganz besondere Stellung entlang der Donau besaßen die Grafen von Bogen, denen es gelang, ein kompaktes Herrschaftsgebiet aufzubauen, das sie durch Rodungen bis tief in den Bayerischen Wald hinein erweiterten. Die Bogener waren nicht nur die Stifter der Klöster Oberalteich und Windberg, sondern gleichzeitig Vögte über die Alte Kapelle in Regensburg, über Prüfening, Mallersdorf und Niederaltaich. An dieser Familie konnte künftig keiner vorbei, der über Niederbayern herrschen wollte.

Kulturblüte

Von Bauten vor der Jahrtausendwende hat in Niederbayern nicht viel überdauert – sieht man einmal von den zahlreichen Grundmauern und sonstigen Überresten von Gebäuden ab, die die Archäologen aus nahezu allen Kulturepochen zutage fördern. Der Grund für die schlechte Überlieferungslage sind kriegerische Ereignisse, wie vor allem die 50 Jahre währende Zeit des Ungarnsturms, die die ohnehin seltenen Steinbauten der sogenannten Vor- oder Protoromanik dezimiert haben. Der älteste vollständig erhaltene Steinbau Niederbayerns ist die Krypta der Kirche Sankt Nikola in Passau. Das frühere Augustiner-Chorherrenstift wurde 1070 von Bischof Altmann außerhalb der Stadtmauern am wichtigen Inn-Übergang gegründet. Die Krypta stammt aus der Gründungszeit des Klosters und hat mit ihrer massiven Mittelsäule alle Neu- und Umbauten der darüberliegenden Kirche überstanden.

Daneben haben sich besonders entlang der Donau eine Reihe von kleinen und großen romanischen Kirchen erhalten. Zum Beispiel die über dem römischen Staatsbad erbaute alte Pfarrkirche von Bad Gögging (Lkr. Kelheim) sowie die Kirchen des früheren Benediktinerklosters Biburg (Lkr. Kelheim), des Prämonstratenserklosters Windberg (Lkr. Straubing-Bogen), von Paffmünster (Lkr. Straubing-Bogen) und Niedernburg in Passau; außerdem die alten Pfarrkirchen St. Peter in Straubing, St. Margareta im benachbarten Aiterhofen und St. Jakob in Plattling und zahlreiche weitere Dorfkirchen.

Krypta der Kirche St. Nikola in Passau. Die Unterkirche der heutigen
Passauer Universitätskirche zählt zu den frühesten romanischen Gruft-
kirchen in Bayern. Sie wurde in Mittelalter und früher Neuzeit als „Marien-
kapelle" viel von Wallfahrern besucht. Davon zeugen Wallfahrergraffiti
des 17. Jahrhunderts, die im neuen Kirchenaufgang freigelegt wurden.
Foto: Dionys Asenkerschbaumer, Kellberg

Aber auch im Hügelland gibt es bedeutende Zeugnisse
der hochmittelalterlichen Baukunst. Neben zahlreichen kleinen
Dorfkirchen sind das unter anderem die Kirchen der Cister-
cienserinnenabtei Seligenthal in Landshut. An der Spitze aber
steht die Landshuter Burg Trausnitz und dort vor allem die
spätromanische Burgkapelle St. Georg. Die hochherrschaftliche
Doppelkapelle zeigt trotz späterer Umbauten bis heute ihr
feines romanisches Gepräge. Einzigartig in Niederbayern und
weit darüber hinaus ist die aus der Übergangszeit von der
Romanik zur Gotik stammende plastische Ausstattung, die an
Vorbilder in Chartres und Straßburg erinnern.

Nirgendwo in Bayern sind mehr architektonische Großplasti-
ken der Romanik erhalten als in Niederbayern: Die großen
figurenreichen Portale aus Münchsmünster (heute: Landshut),
Bad Gögging, Straubing-St. Peter, Windberg, Biburg – sie
gehen alle auf das Vorbild der größten romanischen Portal-
anlage Deutschlands an der Regensburger Schottenkirche zu-

rück. Neben Architektur, Bildhauerei und Malerei blühte im romanischen Niederbayern aber auch die Buchkunst in hohem Maße. Ihr Zentrum war die Abtei Niederaltaich, wo der heilige Abt Gotthard 996 eine herausragende Malschule gegründet hatte. Leider ist der Großteil der niederaltaicher Buchschätze bei einem großen Brand im Jahr 1671 zugrunde gegangen. Die Quellen sprechen von 687 Handschriften. Nur knapp vierzig Bücher konnten gerettet werden. Sie werden heute in der Bayerischen Staatsbibliothek verwahrt. Darunter auch ein aus der Zeit zwischen 1039 und 1040 stammendes prächtiges Evangeliar (Clm 9476).

Eine herausragende Stellung hat auch die niederbayerische Literatur jener Zeit. Der Chorherr Werner der Gärtner aus Ranshofen im Innviertel (heute Oberösterreich) schrieb im 13. Jahrhundert die Dorfgeschichte „Meier Helmbrecht", die in vielen Adaptionen bis heute ein gern gespieltes Stück in Freilichttheatern und Festspielen ist. Die „Manessische Lieder-handschrift" überliefert außerdem die Bilder einer Reihe von Minnesängern, die aus Niederbayern kommen. Zu ihnen gehören der aus dem Vilstal stammende Albrecht von Johansdorf, der nicht näher genannte Burggraf von Riedenburg und der auf Burg Wolfstein bei Landshut geborene Konradin von Hohenstaufen. Der berühmteste niederbayerische Minnesänger ist Neidhart von Reuental. Er stammt möglicherweise aus Reinthal bei Landshut.

Neidhart von Reuental

Neidhart von Reuental kreierte am bayerischen Herzogshof auf der Landshuter Trausnitz einen ganz eigenen „Neidhart-Stil", indem er erstmals in der deutschen Lyrik die Dichtung der hohen Minne in eine dörfliche Umgebung versetzte. Seine satirisch zugespitzten Werke aus der Spätzeit des Minnesangs waren offenbar ungeheuer populär, wahrscheinlich aber auch höchst umstritten. 1230 überwarf er sich vermutlich mit dem Herzog und wechselte von Landshut an den babenbergischen Hof nach Wien. Seine über hundert überlieferten Lieder, bei rund der Hälfte sind auch Melodien tradiert, waren noch Jahrzehnte und Jahrhunderte nach seinem

Tod im ganzen deutschen Sprachraum verbreitet und fanden zahlreiche Nachahmer. Noch der Nürnberger Meistersinger Hans Sachs dichtete im 16. Jahrhundert ein Fastnachtspiel mit dem Titel „Neidhart und das Veilchen". Eines der bekanntesten Werke Neidharts von Reuental ist das Lied von der tanzlustigen Alten:

Ein Alte begann zu springen
Hoch wie ein Kitz empor. Sie wollte Liebe bringen.
„Tochter, reich mir mein Gewand:
Ich muss an eines Knappen Hand,
der ist von Reuental genannt.
Traranuretum traranuriruntundeie."

„Mutter, hütet eure Sinne
Er ist nur Knappe, pflegt nicht steter Minne."
„Tochter, lass mich in Ruh,
ich weiß wohl, was ich tu,
nach seiner Minne treibts mich zu.
Traranuretum traranuriruntundeie."

Aber Niederbayern war auch für fahrende Sänger von auswärts attraktiv. Am Hof des Bischofs von Passau wirkte Walther von der Vogelweide. Eines der wenigen profanen Zeugnisse, die es für dessen Leben gibt, fällt in diese Zeit: Der Bischof hat am 12. November 1203 dem ewig frierenden Walther fünf Großschillinge für einen neuen Pelzmantel geschenkt. Der Herzogshof in Landshut schließlich sah neben Neidhart von Reuental auch Reinbot von Durne, der in einem seiner Gedichte behauptet: „Des Herzogs und der Herzogin, der beiden Dichter ich hie bin." Zu den Berühmtheiten gehörte schließlich auch der Tannhäuser, der den Landshuter Herzog als mächtig und freigebig pries: „Heisa Tannhäuser, lass dich in Zukunft stets und dauernd bei ihm finden. So machst du dich den Mädchen angenehm und deine Trauer schwinden!"

Die Krone der niederbayerischen, aber auch der gesamten deutschen Dichtkunst des Hochmittelalters gebührt dem Nibelungenlied, dessen zweiter Teil, bei dem es um Kriemhilds Rache gegen die Mörder ihres Gatten Siegfried geht, zahlreiche Schauplätze entlang der niederbayerischen Donau kennt. Das

Niederaltaicher Evangeliar. Der reich verzierte Einband, der neben der
Kreuzigungsszene auf der Vorderseite auf der Rückseite den Kloster-
heiligen Mauritius und den großen Abt Gotthard zeigt, entstand im
10. Jahrhundert.

Werk gilt neben den beiden Epen Homers als das bedeutendste Heldenepos der Weltliteratur. Verfasst wurde es wohl um 1190, vermutlich im Auftrag des Passauer Bischofs Wolfger von Erla von einem Minnesänger aus dem bischöflichen Gefolge. Der Text beschreibt hauptsächlich Städte und Landschaften aus dem Einzugsbereich des Passauer Bistums donauabwärts bis zur Königsburg Esztergom in Ungarn. Im niederbayerischen Raum sind das neben dem Ort Vergen (Pförring bei Neustadt/Donau), wo Hagen von Tronje die weissagenden Meerweiber erschienen sind, Pledelingen (Plattling, Lkr. Deggendorf), wo Kriemhild von ihrem Onkel, dem Passauer Bischof, empfangen wird, und schließlich Passau selbst, „…da das In mit vlusse in die Tuonowe gat".

Der große Passauer Bischof Pilgrim wird im Nibelungenlied zum Onkel Kriemhilds. Insgesamt ist die Stadt Passau viermal und sehr exponiert im Nibelungenlied erwähnt. Besonders lobt der Dichter die Kaufleute der Stadt. Eine derartige Hervorhebung dieses Berufsstandes lässt darauf schließen, dass Passau im Hochmittelalter, wie schon die Jahrhunderte zuvor, ein Hauptumschlagplatz des Donauhandels war. Die Stadt mit ihren Bürgern malt der Dichter in reichen Farben und präsentiert sie damit als eines der großen höfischen Zentren des Reiches. Das entspricht voll und ganz den politischen Absichten des bischöflichen Auftraggebers für das Epos.

Denn Bischof Wolfger von Erla hatte allen Grund, sich mit seinem legendären Vorgänger Pilgrim vergleichen zu lassen. Mit einer ausgeklügelten Schaukelpolitik zwischen Papst und staufischem Kaiser einerseits, zwischen Herzog von Bayern und Herzog von Österreich andererseits, erreichte er eine beträchtliche Ausdehnung seiner fürstlichen Macht und legte damit den Grundstein für das selbständige Territorialfürstentum Passau. Der gebürtige Niederösterreicher war 1191, damals war er bereits 45 Jahre alt, auf den Passauer Bischofsstuhl gewählt worden. Bereits zwei Jahre danach gelang Wolfger sein größter Coup. Kaiser Heinrich VI. übergab dem Bistum unter seiner Ägide den alleinigen Besitz der Reichsabtei Niedernburg. Zu dieser Abtei gehörte ein großes Territorium nördlich der Donau, das sogenannte „Land der Abtei", an

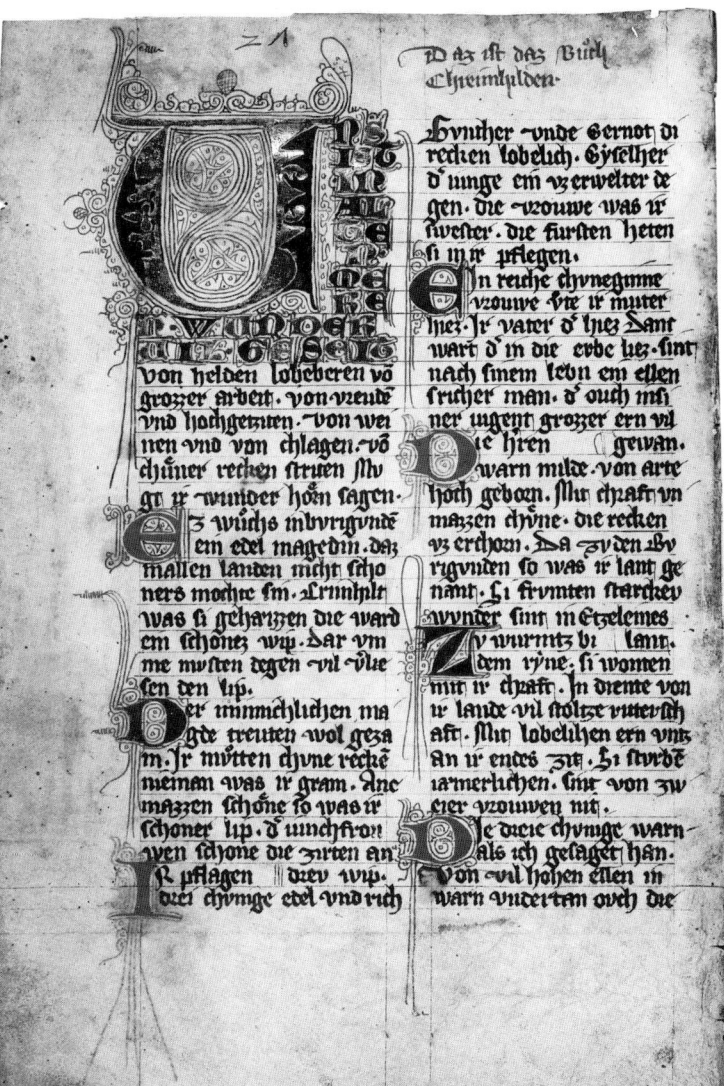

Die ersten Verse des Nibelungenlieds. Insgesamt ist das Epos in 35 verschiedenen Handschriften überliefert. Die hier gezeigte Handschrift A der Bayerischen Staatsbibliothek ist eine der drei Haupthandschriften.

67

dessen Kolonisierung die Passauer Bischöfe in der Folgezeit arbeiteten.

Bereits 1194 machte sich Bischof Wolfger an die Gründung der beiden Burgen Wolfgerstein (Wolfstein) bei Freyung und Fürsteneck. Er und seine Nachfolger warben im großen Stil Siedler für den Unteren Bayerischen Wald an. Auf ihr Konto gehen die Gründungen von Waldkirchen und Hauzenberg. Auch die Stadt mit dem programmatischen Namen „Freyung" verdankt ihre Existenz dem Landesausbau der Passauer Bischöfe. Neusiedler, die sich dort niederließen, blieben über eine Reihe von Jahren von Steuern und Abgaben befreit. Das Abteiland war über Jahrhunderte der territoriale Kern des Passauer Fürstbistums. Seine Verwaltung unterstand direkt bischöflichen Beamten.

Gleichzeitig mit dem Abteiland wird Bischof Wolfger auch alleiniger Besitzer der Stadt Passau. Der bayerische Herzog hat fortan in der Stadt keinerlei Ansprüche mehr. So ist es kein Zufall, dass auf Bischof Wolfger auch das Wappen der Stadt zurückgeht: Der aufsteigende rote Wolf soll dem erfolgreichen Bischof vom Stauferkönig Philipp von Schwaben verliehen worden sein. Nach dem Tod Wolfgers 1218 übernahm die Stadt das Wappen des großen Bischofs. Die außerordentlich selbstbewusste Bürger- und Kaufmannschaft Passaus scheint übrigens

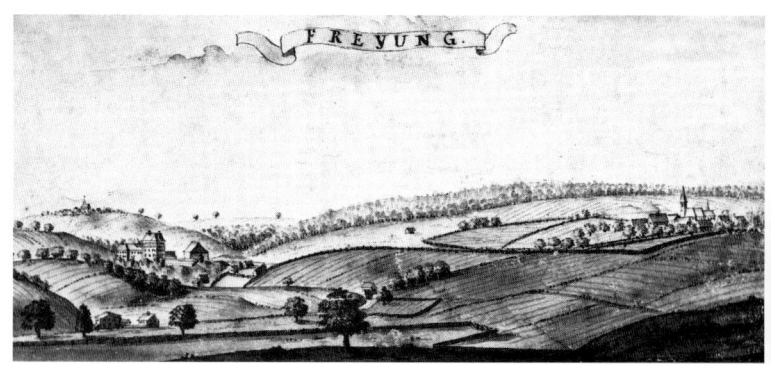

Die Burg Wolfstein und der Markt Freyung. Aquarellierte Federzeichnung von Joseph Haas, Passau 1720.

bereits an der Wahl Bischof Wolfgers beteiligt gewesen zu sein und so bei der Einsetzung ihres neuen Landesherrn ein Wörtchen mitgeredet zu haben.

Die Stadt Passau

Schon im zehnten Jahrhundert hatte das älteste Passau im Bereich des römischen Kastells Batavis Zuwachs durch einen neuen Stadtteil, den Neumarkt, bekommen. Er wurde das Handwerkerviertel und schließlich das heutige Geschäftszentrum von Passau. Neben der damals bereits jahrhundertealten Severinskirche war 739 der dem heiligen Erzmärtyrer Stephanus geweihte Dom errichtet worden und dazu eine ganze Reihe bischöflicher Gebäude: Domschule, Domherrnhöfe und Bischofsresidenz. Die steigende Macht der Bischöfe war den Passauern zunehmend ein Dorn im Auge. Nachdem der Bischof im 13. Jahrhundert alleiniger Stadtherr geworden war, versuchte er die Situation 1225 durch den Verleih der Stadtrechte zu entschärfen. Einige Jahre zuvor hatte er mit dem Bau der Veste Oberhaus auf dem Jörgenberg über der Stadt begonnen. Diese Zwingburg sollte die aufmüpfigen Passauer in Schach halten. Trotzdem gab es in den folgenden Jahrhunderten ständige gewaltsame Auseinandersetzungen zwischen Bischof und Bürgern. Nach einem ersten Aufruhr 1298 erzwangen die Bürger ein fortschrittlicheres Stadtrecht, das ihnen mehr Selbstverwaltung einräumte. Im 14. Jahrhundert gelang es den Bürgern erstmals, einen größeren eigenen Rat einzurichten. Die Auseinandersetzungen um diesen Rat dauerten letztlich bis ins 16. Jahrhundert. Nach jahrelangen Verhandlungen wurde 1535 die städtische Verfassung mit mehr bürgerlichen Freiheiten endgültig festgeschrieben. Auf eine eigenständige städtische Regierung aber, wie sie die großen bayerischen Städte oder gar die Freien Reichsstädte besaßen, mussten die Passauer auch weiterhin verzichten.

1204 wechselte Bischof Wolfger die Seiten. Von der Stauferpartei lief er zu den papstfreundlichen Welfen über. Zum Lohn erhielt er das Amt des Patriarchen von Aquileia. Dennoch blieb Wolfger auch reichspolitisch aktiv. 1208 stieg er sogar zum Legaten des Kaisers südlich der Alpen auf. Wolfgers Nachfolger aber bauten weiter am Fürstentum Passau. Bischof Ulrich II. erreichte 1217 die offizielle Belehnung mit dem Abteiland und

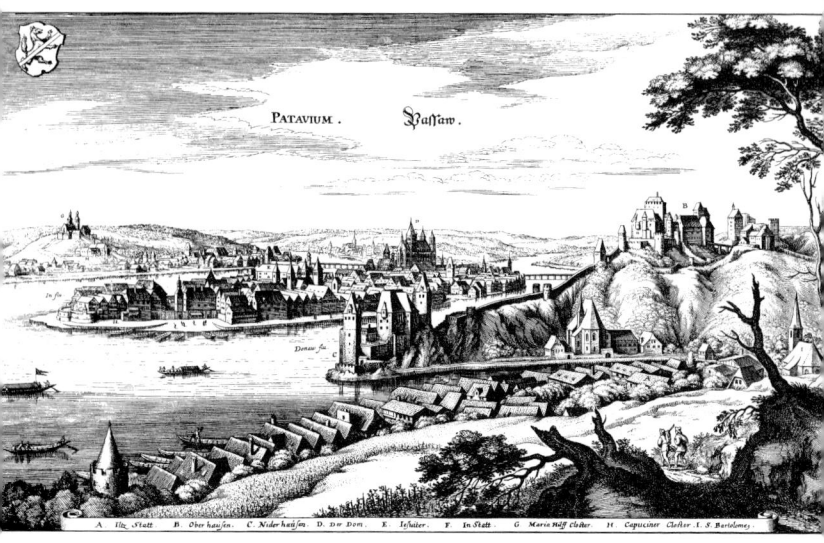

PATAVIUM. Paſſaw.

A Ult. Statt. B. Ober hauſen. C. Nider hauſen. D. Der Dom. E. Iesuiter. F. In Statt. G. Maria Hülff Cloſter. H. Capuciner Cloſter. I. S. Bartolomey.

Ansicht der Stadt Passau. Kupferstich von Matthäus Merian, 1644.

damit die Reichsfürstenwürde. Der Passauer Bischof war damit nicht mehr nur Herr eines geistlichen, sondern endgültig auch Fürst eines weltlichen Territoriums geworden. Bischof Otto von Lonsdorf gab dem Fürstentum 1255 eine eigene Gerichtsordnung und führte die ersten kriegerischen Auseinandersetzungen mit Herzog Heinrich von Niederbayern. Ab 1280 schließlich besuchte kein Passauer Bischof mehr einen bayerischen Landtag. Stattdessen gab es ab 1285 eigene Passauer Landtage. Ähnliche Entwicklungen vollzogen sich in Regensburg, Freising und Salzburg. Die Hochstifte waren damit rechtlich selbstständige Reichsfürstentümer geworden, das Niederbayern der Herzöge und Kurfürsten für die „Hochstiftischen" bis ins 19. Jahrhundert benachbartes Ausland.

„Des Heiligen Römischen Reichs Rosengärtlein": Spätes Mittelalter

Wittelsbacher auf dem Thron

Das Jahr 1180 markiert eine der deutlichsten Zäsuren, die Bayern und Niederbayern im Lauf ihrer Geschichte geprägt haben. Der Stauferkaiser Friedrich Barbarossa ließ auf dem Reichstag zu Würzburg im Januar gegen seinen mächtigen Konkurrenten, den Welfenherzog Heinrich dem Löwen, die Acht aussprechen. Der Welfe hatte sich geweigert, Barbarossas Italienpolitik zu unterstützen und galt als besonders rücksichtsloser und gewalttätiger Kolonisator. Auf dem folgenden Reichstag zu Gelnhausen wurde Heinrich für abgesetzt erklärt, seine sämtlichen Lehen fielen an das Reich zurück, der ehemalige Herzog musste zu seinem englischen Schwiegervater ins Exil gehen.

Jetzt erreichte die Zertrümmerung des alten Stammesherzogtums ihren Höhepunkt. Und wieder traf es besonders schmerzlich die spätere niederbayerische Region, die endgültig ihr südliches und östliches Hinterland verlor. Zeitgleich mit der öffentlichen Verkündung der Absetzung Heinrichs des Löwen im Juni 1180 wurden die Steiermark und das damit verbundene östliche und mittlere Oberösterreich, klassischer Einflussbereich des Bistums Passau also, von Bayern abgetrennt. Wenig später machte sich Tirol endgültig selbstständig. Selbst wenn die Idee der Zusammengehörigkeit aller Teile des alten Stammesherzogtums noch eine Zeit lang fortlebte – das eigentliche politische Bayern der Nachfolger Heinrichs des Löwen war damit im Großen und Ganzen auf jene Gebiete zurechtgestutzt, die es heute noch ausmachen: Das Oberland im Südwesten, der Nordgau, die spätere Oberpfalz, und dazwischen als machtpolitischer und wirtschaftlicher Schwerpunkt das Unterland.

Als Barbarossa am 16. September 1180 das bayerische Lehen neu ausgab, brachte er einen Mann aus einem der alteingesessenen uradligen Grafengeschlechter des Landes an die Spitze Bayerns: Otto von Wittelsbach, einen Vertrauten des Staufer-kaisers. Dass aus dieser Familie, die bereits seit 1120 das Pfalz-grafenamt über Bayern ausübte, einmal die Dynastie hervor-gehen würde, die dem Land für weit über sieben Jahrhunderte ihren Stempel aufdrücken würde, hat damals wohl niemand geahnt.

Obwohl die Stammburgen der Wittelsbacher – Scheyern und Oberwittelsbach – in den heutigen Regierungsbezirken Ober-bayern und Schwaben stehen – die Machtzentren des neuen bayerischen Herrschergeschlechts lagen damals eindeutig im geographischen Herzen des verbleibenden Herzogtums, dem Unterland. Hier, entlang der Donau und ihrer Zuflüsse bis Kel-heim, außerdem im Gebiet zwischen München und Landshut, verfügte die Familie Wittelsbach von altersher über umfangrei-chen Besitz oder hatte eben erst, wie etwa von den Grafen von Ebersberg, bedeutende Besitztümer geerbt.

Das neue, beträchtlich geschrumpfte Herzogtum allerdings, das die Wittelsbacher übernahmen, war ein Land ohne Haupt-stadt. Bereits unter den Welfen hatte ja die sukzessive Verdrän-gung der bayerischen Herzogsmacht aus der angestammten Kapitale Regensburg begonnen. Inzwischen waren dort die Einflussbereiche des Bischofs und der Bürger unter dem Schutz des Kaisers beträchtlich gewachsen. Die Stadt war auf dem Weg zur Freien Reichsstadt. So versuchte Herzog Otto I. während seiner verbleibenden Lebens- und Regierungszeit bis 1183 ver-geblich, in Regensburg wieder Fuß zu fassen. Ein anderer her-zoglicher Hauptort kam kaum in Frage: München, das Hein-rich der Löwe 1158 auf freisingischem Gebiet widerrechtlich gegründet hatte, war mit der Entmachtung des Welfen an den Freisinger Bischof zurückgefallen.

In dieser Situation gewann Kelheim an Bedeutung. Hier, vor den Toren der alten Hauptstadt Regensburg und auf eigenem, wittelbachischen Grund und Boden, errichtete Otto sein Haupt-quartier. Noch heute ist das planvolle Straßenkreuz der neuen Gründungsstadt gegenüber der Altsiedlung am linken Altmühl-ufer im Kelheimer Stadtplan zu erkennen. Von Kelheim aus regierte auch später noch größtenteils Ottos Sohn Ludwig I.,

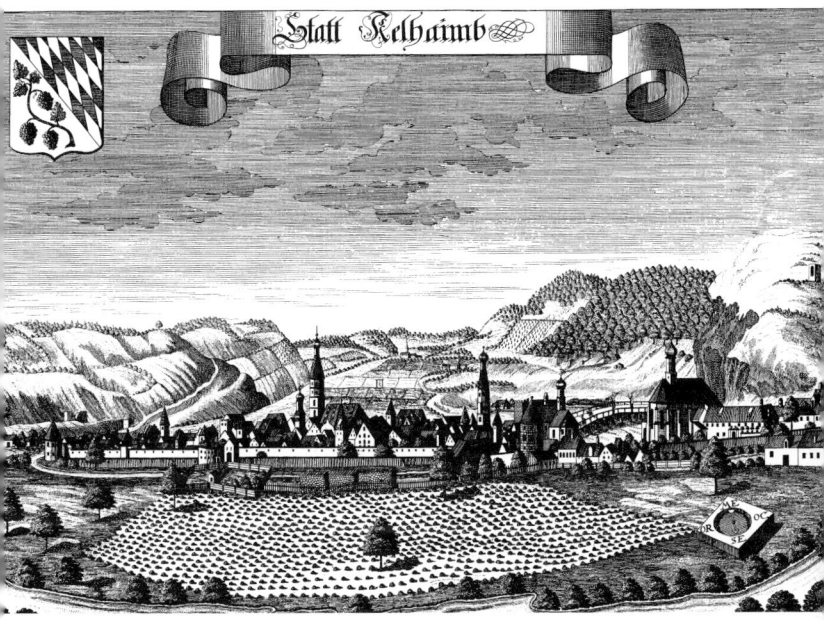

Kelheim. Die Weinberge an den Hängen über der Stadt sind kein Topos, sondern haben tatsächlich existiert. Reproduktion des Kupferstichs von Michael Wening um 1700.

der in der Geschichtsschreibung wohl nicht nur wegen seines späteren gewaltsamen Tods auf der dortigen Donaubrücke „der Kelheimer" genannt wird.

Ludwig allerdings ist nur zehn Jahre alt, als sein Vater 1183 stirbt, erst mit 14 wird er selbstständig, darf seine Regierungsjahre zählen. Nun muss er mühsam versuchen, den durch Ottos Tod jäh abgerissenen Faden des Ausbaus der wittelsbachischen Macht aus kleinsten Anfängen wieder aufzunehmen. Erfolg und Niederlage halten sich hier die Waage. Als 1189 der Landgraf Heinrich von Riedenburg stirbt, kann Ludwig das Erbe in dem niederbayerischen Altmühlort antreten, gleichzeitig erwirbt er auch den Riedenburger Besitz „im Gebirg", die Grafschaft Unterinntal mit Rattenberg, Kitzbühl und Kufstein. Es

73

ist der letzte bayerisch gebliebene Rest des alten Tirol, der in der niederbayerischen Geschichte rund drei Jahrhunderte später noch einmal eine Rolle spielen wird. Das Regensburger Burggrafenamt allerdings, das Heinrich von Riedenburg ebenfalls besessen hatte, geht an den Kaiser. Ein letztes Zeichen dafür, dass es dem bayerischen Herzog wohl nicht mehr gelingen wird, in Regensburg noch einmal Fuß zu fassen.

Daran ändert auch nichts der Kampf um die Stadt und den ganzen Donauraum, den Ludwig nach Barbarossas Tod mit dem Böhmen, dem Österreicher, mit dem Regensburger Bischof, mit dem Grafen von Ortenburg und nicht zuletzt mit dem Grafen Albert III. von Bogen führt. Eine Auseinandersetzung auf des Messers Schneide, die Ludwig seine Macht im Unterland und damit in Bayern zu kosten droht. Erst Barbarossas Sohn, Kaiser Heinrich VI., macht dem Ringen, das mit schweren Kriegsverwüstungen einhergeht, ein Ende. Der Bogener Graf, im Bund mit dem mächtigen Böhmenherzog Ottokar, weil er mit dessen Nichte Ludmilla verheiratet ist, wird zum Reichsfeind erklärt. Zur Begründung heißt es, er habe das „barbarische und wilde Volk der Böhmen" nach Bayern gerufen.

Einer der Wendepunkte in der Festigung der wittelsbachischen Macht über Bayern ist das Jahr 1204. Ludwigs alter Feind Albert von Bogen ist inzwischen gestorben und der Herzog heiratet die Witwe des Bogeners, Ludmilla. Im gleichen Jahr 1204 sterben die Markgrafen von Cham-Vohburg aus. Ludwig tritt das Erbe an. Jetzt beherrscht er den Donau- und Regengau von der mächtigen Vohburg donauaufwärts von Kelheim bis hinüber zur böhmischen Grenze. Die alte Ostorientierung Bayerns, die später die wichtigste politische Grundlage Niederbayerns wird, erhält damit Kontinuität. Ebenfalls 1204 nimmt Ludwig die Bemühungen seines Vaters um den Landesausbau wieder auf und geht daran, sich in Landshut eine neue Hauptstadt zu schaffen. Ein Jahr später erkennt er den Status Quo über Regensburg an, verzichtet also de facto auf sein herzogliches Residenzrecht in der alten Hauptstadt. Regensburg hört damit auf, bayerische Landstadt zu sein und wird als einzige Stadt des alten bayerischen Herzogtums Freie Reichsstadt.

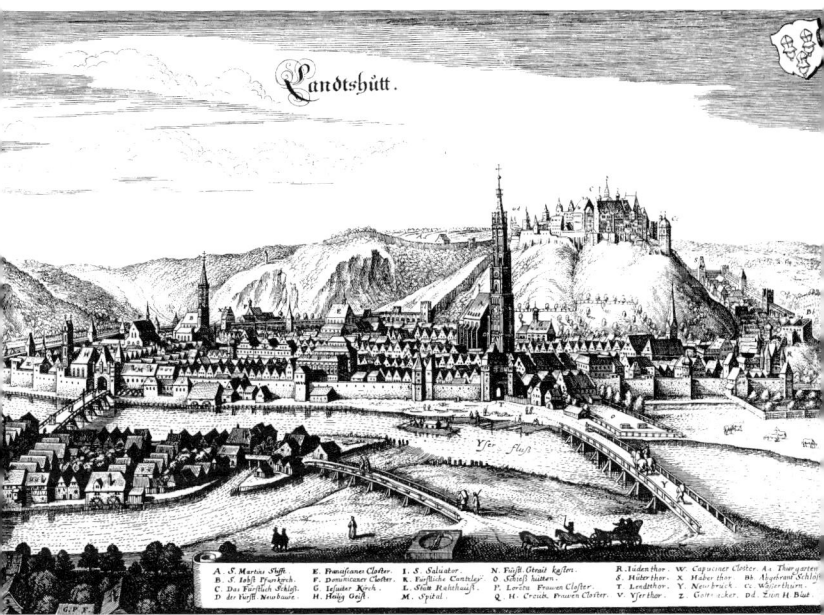

Landshut. Im linken Bereich der Burg Trausnitz sind eine Reihe von Bauten zu erkennen, die während des 30-jährigen Kriegs in Flammen aufgingen und danach abgeräumt wurden. Das Gelände heißt heute noch „Schweden-wiese". Kupferstich von Matthäus Merian, 1644.

Die Stadt Landshut

„Ludwig der Herzog Bayerns hat begonnen, Burg und Stadt in Landshut zu bauen." Dieser knappe Eintrag des Abtes Hermann in den Annalen des Klosters Niederaltaich unter dem Jahr 1204 ist freilich nicht die erste urkundliche Erwähnung der neuen bayeri-schen Hauptstadt. Schon im 12. Jahrhundert werden der Ort an der Isar und seine Einwohner als Untertanen des Freisinger Bischofs erstmals erwähnt. Der Name der neuen Burg und Stadt „Landshut" ist natürlich programmatisch für eine neue Hauptstadt. Wenn-gleich er vermutlich nicht von Ludwig stammt, der ja 1204 nur eine Stadt in Landshut gründen kann. Die Gründung Landshuts beruht, ähnlich wie die Münchens durch Heinrich den Löwen, auf

75

einem Gewaltakt: Herzog Ludwig zerstört die bischöflich-regens-
burgische Straßburg und verlegt den Flussübergang einige Kilometer isaraufwärts nach Landshut. Der Ort liegt strategisch günstig unmittelbar an der Bistumsgrenze zwischen Freising und
Regensburg auf Freisinger Seite. Ludwig setzt für die neue Stadt
einen herzoglichen Administrator ein und beginnt sofort mit dem
großangelegten Ausbau. Anstelle des hölzernen Vorgängerbaus
lässt der Herzog, ebenfalls in schnellen Schritten, die neue Burg
errichten. Schon bald ist die Landeshut (Trausnitz heißt sie erst
seit dem 15. Jahrhundert) zu repräsentativem Umfang herangewachsen. 1235 bereits ist auf ihr Kaiser Friedrich II. mit großem
Gefolge aus Sizilien zu Gast. Gleichzeitig entsteht an der Isar das
Heilig-Geist-Spital, das die neue Brücke unterhält und dafür den
dort fälligen Zoll eintreibt. An der Stelle der heutigen spätgotischen Martinskirche wächst ihr romanischer Vorgängerbau genau
zwischen der Vorgängersiedlung am Fuß des Burgbergs und der
neuen Stadt, die sich bis zum Spital erstreckt. Auch die Orden ent-
decken das boomende Landshut. Nachdem Herzogin Ludmilla 1232
die Zisterzienserinnenabtei Seligenthal als neues wittelsbachisches
Hauskloster gegründet hat, kommen 1271 die Dominikaner, 1280
die Franziskaner. Gleichzeitig entwickelt sich eine sogenannte
Beginengemeinschaft, aus der später die Franziskanerinnen her-
vorgehen werden. Die wirtschaftlich schnell sehr erfolgreiche
Stadt muss in rascher Folge erweitert werden. Schon Mitte des
13. Jahrhundert wird die sogenannte Neustadt angelegt, 1338 der
dritte Stadtteil „Freyung", für den der Herzog zehn Jahre Steuer-
freiheit gewährt. Dort errichten die Bürger St. Jodok – neben der
Martins- und der Spitalpfarrei die dritte Pfarrkirche der Stadt.

Neben Landshut, das konsequent zur neuen bayerischen Hauptstadt ausgebaut wurde, gingen noch weitere Städtegründun-
gen auf Ludwigs Konto: 1210 entstanden Abbach und Cham
(heute Oberpfalz), 1218 Straubing, 1224 Landau und 1228
Erding (heute Oberbayern). So richtig in Schwung kamen die
Stadt- und Marktgründungen aber erst unter Ludwigs Nach-
folgern. Herzog Otto II. gründete 1233 Burghausen (heute
Oberbayern) und brachte 1241 die von den Grafen von Ortenburg gegründete Stadt Vilshofen in seine Gewalt. Ein Jahr später, nachdem die Grafen von Bogen endgültig ausgestorben
waren, fielen ihm auch Bogen und Viechtach zu. 1250 erfolgte

die Stadtgründung von Deggendorf, 1251 von Dingolfing. Unter Ottos Söhnen Heinrich und Ludwig wurden die Märkte Regen, Pfarrkirchen, Griesbach, Vilsbiburg, Eggenfelden sowie die Stadt Neustadt/Donau gegründet. Kaiser Ludwig der Bayer und seine Nachfolger schließlich gründeten Mainburg, Zwiesel, Abensberg, Geiselhöring, Rottenburg an der Laaber; zuletzt, im Jahr 1379, verlegte der Landgraf von Leuchtenberg im Auftrag des Straubinger Herzogs den alten Markt Plattling wegen der ständigen Überschwemmungsgefahr dorthin, wo die Stadt heute noch steht.

Niederbayerische Juden

Zu den wichtigsten Geldgebern für die Gründungen gehörten eine Reihe von jüdischen Familien, die der Herzog in seinen Neugründungen gezielt ansiedelte. Die älteste verbürgte Erwähnung von Juden in Niederbayern stammt aus einer Urkunde des Passauer Bischofs und datiert ins Jahr 1210. Da die Juden im Gegensatz zu den Christen Geld gegen Zins ausleihen durften, waren sie für große öffentliche und private Investitionen unverzichtbar und die niederbayerischen Herzöge stellten sie im Allgemeinen unter ihren besonderen Schutz. Andererseits gibt es auch in Niederbayern immer wieder Hinweise auf Judenpogrome. 1338 fanden in 20 damals niederbayerischen Orten, ausgehend von Deggendorf in Braunau, Cham, Dingolfing, Dorfen, Eggenfelden, Kelheim, Kraiburg, Landau, Massing, Moosburg, Neumarkt-St. Veit, Pfarrkirchen, Pfeffenhausen, Velden, Vilsbiburg, Vilshofen, Straubing und Landshut solche Pogrome statt. Dabei wurden Juden erschlagen, vertrieben und samt und sonders enteignet. Als Rechtfertigung diente eine angebliche Hostienschändung der Juden. Diese vermeintliche Tat war letztlich der Auslöser für die Wallfahrt zur Deggendorfer Gnad, die erst 1992 eingestellt wurde. Herzog Ludwig der Reiche vertrieb bei seinem Regierungsantritt 1450 schließlich alle Juden aus Niederbayern. Bis ins 19. Jahrhundert spielten deswegen Juden unter der Bevölkerung Niederbayerns kaum eine Rolle.

Die Gründungspolitik stellte sich als außerordentlich erfolgreich heraus. Allen voran die neue herzogliche Machtzentrale

Landshut mit der darüberliegenden Burg gedieh prächtig. Im Jahr 1214 brachte Herzog Ludwig I. für seinen Sohn Otto überdies die Pfalzgrafschaft bei Rhein an sein Haus. Das bedeutete, dass der Wittelsbacher künftig als Stellvertreter des Kaisers zweitwichtigster Mann im Reich war. Wie schon sein Vater gehörte auch Ludwig zu den wichtigsten Parteigängern des staufischen Königshauses. Was ihn nicht daran hinderte, im Interesse seines Hauses, zwischenzeitlich die Fronten zu wechseln und den welfischen Gegenkönig Otto zu unterstützen. In den zwanziger Jahren des 13. Jahrhunderts ist er zwar längst wieder an die staufische Seite zurückgekehrt, trotzdem scheint sich der mächtige Wittelsbacher den Zorn des hauptsächlich in Sizilien weilenden Kaisers zugezogen zu haben. Uralten Spekulationen zufolge könnte der unbekannte Täter, der Ludwig am 15. September 1231 auf der Kelheimer Donaubrücke erstach, ein vom Kaiser gedungener Auftragsmörder gewesen sein.

Die Bluttat von Kelheim blieb unaufgeklärt. Der Mörder wurde von den Begleitern Ludwigs an Ort und Stelle niedergemetzelt, seine Leiche in die Donau geworfen. Die sterblichen Überreste des Herzogs wurden in der althergebrachten Grablege der Wittelsbacher in der Abtei Scheyern beigesetzt. Ein Jahr nach der Tat gründete Herzogin Ludmilla, die Witwe Ludwigs, für das ewige Seelenheil des Herzogs das Kloster Seligenthal bei Landshut – unmittelbar an der Grenze der beiden Bistümer Freising und Regensburg. Ludmilla selbst wurde die erste Äbtissin des Cistercienserinnenkonvents. Seligenthal wurde zum Hauskloster, in dessen Fürstengrab in den nächsten Jahrhunderten alle niederbayerischen Wittelsbacher beigesetzt wurden.

Die „Gründung" Niederbayerns

Das alte bayerische Stammesherzogtum war unter den deutschen Königen und den Welfen endgültig zugrunde gegangen. Unter den ersten beiden Wittelsbacher Herzögen, Ludwig I. dem Kelheimer und Otto II. dem Erlauchten, aber erstand Bayern als modernes Territorialfürstentum wieder. Beim Ausbau ihrer Territorialmacht kam den neuen Herzögen zupass, dass im Lauf des 13. Jahrhunderts eine ganze Reihe der alten gräflichen Konkurrenten ausschieden, weil ihre Häuser ohne Erben ausstarben. Von den Andechs-Meraniern, den Vohburgern, Diepoldingern und Wasserburgern bis zu den Ortenburgern und den Bogenern – überall gelang es den entschlossen zupackenden Herzögen, sich das reiche territoriale Erbe der ehemals unabhängigen Geschlechter zu sichern.

Bayerische Farben

Besonders deutlich zum Ausdruck kommt die Bildung des neuen Herzogtums im wittelsbachischen Wappen. Ursprünglich hatten die Grafen von Scheyern-Wittelsbach einen Zickzackbalken im Wappenschild geführt. Später, in den frühen Zeiten des wittelsbachischen Herzogtums, taucht der königliche Adler als Wappentier auf. Der Löwe kommt 1214 mit der Pfalzgrafschaft bei Rhein nach Bayern und wandelt sich dort zum Bayerischen Löwen. Im heutigen bayerischen Wappen repräsentiert er die Oberpfalz. Für Niederbayern dagegen steht der Panther, das ehemalige Wappentier der Grafen von Ortenburg. Der erste niederbayerische Herzog Heinrich XIII. hat ihn 1271 geführt. Schon um die Mitte des Jahrhunderts allerdings zeigte Heinrichs Reitersiegel neben dem Pfälzer Löwen ein niederbayerisches Symbol, das später zum Symbol Bayerns schlechthin wurde: Die berühmten silber-blauen Wecken oder Rauten. Sie gehörten ursprünglich zum Wappen der Grafen von Bogen. Die Wittelsbacher übernahmen die Rauten als Zeichen für den wichtigen dynastischen Sieg, den sie im bayerischen Unterland errungen hatten. Dort war das geschlossene Territorium der Bogener Grafen an der Donau, durch den Bayerischen Wald bis zur böhmischen Grenze zum wichtigsten Stützpunkt ihrer Herrschaft geworden.

Nach dem Tod Herzog Ottos II. des Erlauchten traten dessen Söhne Ludwig II. und Heinrich XIII. 1253 die Nachfolge an. Zwei Jahre herrschten sie gemeinsam, dann teilten sie das Land untereinander auf: Das Jahr 1255 markiert die Entstehung von Nieder- und Oberbayern als politische Einheiten. Der ältere Ludwig erhielt mit der Pfalzgrafschaft bei Rhein die höhere

Würde, musste dafür aber mit einem schmalbrüstigen Streifen im Oberland Vorlieb nehmen und sich in München mit dem Alten Hof eine neue Residenz bauen. Der jüngere Bruder Heinrich behielt dagegen das Unterland, ein geschlossenes Territorium mit Landshut als bewährter Hauptstadt.

Dieses erste niederbayerische Teilherzogtum reichte von Reichenhall im Süden über den Isengau bis vor die Tore Münchens, schloss im Westen das alte wittelsbachische Stammland ein und zog sich von Kelheim in nordöstlicher Richtung bis Furth im Wald. Im Osten grenzte es an die große Diözese des Bischofs von Passau, im Südosten aber griff es weit über den Inn hinaus in heute oberösterreichisches und Salzburger Gebiet, bis in die Gegend von Mond- und Attersee. Während sich Ludwig mit Oberbayern und seiner Rheinpfalz naturgemäß in Richtung Westen und Reich orientierte, suchte Heinrich die Rückbindung im Osten. Auseinandersetzungen und Bündnisse mit den Böhmen, den Ungarn und den Österreichern gehören in wechselnden Konstellationen für die kommenden Jahrhunderte zu den politischen Grundbedingungen Niederbayerns.

Konradin, der letzte Staufer

In die Zeit der Gründung Niederbayerns fällt auch die sogenannte staufische Katastrophe. Das Schicksal wollte es, dass der letzte Anwärter auf die alten staufischen Erbrechte am 25. März 1252 auf Burg Wolfstein bei Landshut zur Welt kam: Konradin, der letzte Staufer, ist Niederbayer. Die Burg Wolfstein, von der noch heute Reste stehen, gehörte zum Besitztum von Konradins Mutter Elisabeth, einer Schwester der bayerischen Herzöge Ludwig und Heinrich. Das gewaltsame Ende des 16-jährigen Konradin in Neapel und das Ende der deutschen Kaiserherrlichkeit beschäftigte in den vergangenen Jahrhunderten viele national gesonnene Wissenschaftler. Die Wittelsbacher des 13. Jahrhunderts profitierten kräftig vom Untergang der Staufer. Sie traten Konradins Erbe an und erhielten den gesamten staufischen Besitz am Lech und im bayerischen Nordgau.

Besonders das verlorene Österreich lag im Blickfeld Herzog Heinrichs. Er, der seit 1250 mit der Ungarnprinzessin Elisabeth vermählt war, versuchte im Bündnis mit den Ungarn unter anderem das Land östlich der Enns wieder bayerisch zu machen. Zwei Jahrzehnte lang gab es Krieg. Die Auseinandersetzungen endeten erst, als mit Rudolf von Habsburg nach jahrzehntelangem Interregnum endlich wieder ein König auf dem deutschen Thron saß. Rudolf übernahm 1278 die Macht in Österreich – und zwar auch in den Gebieten Oberösterreichs, die bisher die bayerischen Herzöge ganz selbstverständlich noch als ihr Territorium ansahen. Er begann in Österreich die berühmte habsburgische Hausmacht zu etablieren – unterstützt durch Ludwig von Oberbayern, der so einmal mehr in heftigen Kontrast zu seinem niederbayerischen Bruder geriet.

Fast ebenso schwer wie die endgültige Amputation des niederbayerischen Hinterlands wog allerdings der Verlust der bayerischen Kurstimme, der ebenfalls auf Heinrichs Konto ging. Mit der Pfalzgrafschaft bei Rhein war ja neben dem althergebrachten bayerischen Kaiserwahlrecht ein zweites, die pfalzgräfliche Kurfürstenwürde, an die Wittelsbacher gekommen. Während Heinrich die bayerische Kur bleiben sollte, übte der Münchner Herzog die pfalzgräfliche Kur aus. Noch bei der Kaiserwahl 1271 gab Ludwig von Oberbayern seine und im Auftrag seines Bruders die bayerische Stimme ab.1290 aber übertrug König Rudolf das Kaiserwahlrecht an den König von Böhmen, mit dem er sich endgültig aussöhnen wollte. Von einer bayerischen Kurstimme war fortan keine Rede mehr, auch nicht bei der endgültigen Festlegung der Kurwürden 1356.

Auf diese Weise entstand zwischen Österreich und Bayern, zwischen Habsburg und Wittelsbach ein Gegensatz, der die Territorien beider Herrscherfamilien für die kommenden Jahrhunderte immer wieder zu den heftigsten Auseinandersetzungen zwang. Und Niederbayern hatte deren Hauptlast zu tragen. Schon Herzog Otto III., der Sohn und Nachfolger Heinrichs auf dem Landshuter Thron, setzte zum Gegenschlag an. 1305 bot sich ihm eine herausragende Gelegenheit. Er, dessen Mutter ja eine ungarische Prinzessin gewesen war, griff nach der Stephanskrone. Nachdem er die Reichskleinodien Ungarns an sich gebracht hatte, machte er sich zusammen mit seinen Begleitern – allesamt waren sie als Kaufleute verkleidet –

Herzog Otto III. von Niederbayern und seine zweite Gemahlin Agnes von Glogau. Unbekannter Meister, um 1600.

auf den Weg die Donau hinab. Am 6. Dezember 1305 wurde Herzog Otto III. zum ungarischen König gekrönt.

Ludwig der Bayer und seine Erben

Schon damals rächte sich, wie oft auch später noch, die Uneinigkeit der bayerischen Teilherzöge. Die Gelegenheit wäre günstig gewesen, die Habsburger aus der alten bayerischen Ostmark zu vertreiben. Herzog Stephan, der Bruder Ottos, stand bereits marschbereit am Inn – aber die Münchner Herzöge Rudolf und Ludwig (der spätere Kaiser) ließen die niederbayerischen Vettern im Stich und schlossen sich einmal mehr den Habsburgern an. Auch in Ungarn konnte sich Otto nicht durchsetzen, gelangte schließlich in Gefangenschaft und kehrte erst 1308 hoch verschuldet auf abenteuerlichen Wegen nach Niederbayern zurück. Ein Jahr später starb sein Bruder Stephan. So führte Otto die Fehde gegen den Habsburger

Friedrich den Schönen allein weiter. Am schlimmsten um-
kämpft war dabei das Innviertel. 1311 schließlich wurde zu
Passau ein Frieden geschlossen – auf Vermittlung Ludwigs IV.
von Oberbayern.

Die Ottonische Handveste

Die Auseinandersetzung mit Österreich und das ungarische Aben-
teuer hatten die herzogliche Kasse leer gemacht. Otto blieb
schließlich nichts anderes übrig, als eine Notsteuer vom ganzen
Land, also auch vom Adel und den Bischöfen zu fordern. Die allerdings, allen voran der Bischof von Salzburg, sträubten sich zwei
Jahre lang dagegen. Schließlich aber kam es doch zu einer
„Einung", wie es damals genannt wurde. Am 15. Juni 1311 wurde
zu Landshut die sogenannte „Ottonische Handveste" ausgestellt.
Dabei handelt es sich, wenn man so will, um das erste Grundge-
setz Mitteleuropas, vergleichbar der englischen „magna carta".
Der Adel, die Kirchen und Klöster sowie die Städte und Märkte
verpflichteten sich darin, die Besteuerung ihrer Güter und Leute
zuzulassen. Im Gegenzug erhielten alle Grundherren, die diese
Steuer zahlten, die niedere Gerichtsbarkeit und die daraus resul-
tierenden Einnahmen. Der Herzog beschränkte sich künftig auf die
sogenannte Blutgerichtsbarkeit bei Kapitalverbrechen. Damit waren
Adel, Klerus und Städte in Niederbayern zu Partnern des Herzogs
geworden, zu Landständen, die auf den Landtagen vertreten waren,
an der Verwaltung des Landes mitwirkten und jede neue Steuer
bewilligen mussten. Niederbayern war künftig nicht mehr allein
eine Privatangelegenheit des Fürstenhauses, sondern ein „Staat",
über dessen Wohl und Wehe eine Reihe von staatlichen Organen
entschied. Die letzten Reste dieser uralten Verfassung wurden erst
1848 mit der Abschaffung der Hofmarkgerichtsbarkeit in Bayern
beseitigt.

Als Otto 1312 das Zeitliche segnete, hinterließ er keine erwach-
senen Nachfolger. Der älteste der Prätendenten war Heinrich
XIV., ein Sohn Herzog Stephans, dann folgten Ottos beide
eigenen Söhne: Otto IV. und Heinrich XV. Als Vormund für
die niederbayerischen Mündel tat sich wiederum Ludwig IV.
von Oberbayern hervor, in dessen politischen Plänen die Inte-

grität Bayerns zunächst keine große Rolle spielte. Ludwig ließ die drei Jung-Herzöge zu Linz ein Bündnis mit Österreich schwören, die Habsburger gewannen in der Folge immer mehr an Einfluss im bayerischen Unterland, begannen dort gar Steuern einzutreiben.

Jetzt kam die große Zeit der niederbayerischen Städte und an deren Spitze Straubing und Landshut. Die Bürger beschwerten sich mit der Ottonischen Handveste in der Hand bei Ludwigs Bruder Rudolf in München. Sie schlossen mit ihm sogar ein Bündnis. Das bewegte Ludwig schließlich zum Einlenken. Er gab den Pakt mit den Habsburgern auf. Aber die wollten auf Niederbayern nicht mehr verzichten. Friedrich der Schöne hielt bereits Landau besetzt. Hinter seinem übermächtigen Heer standen auch niederbayerische Ritter. Herzog Ludwig dagegen musste überall in der Nachbarschaft Kriegsknechte für den bevorstehenden Kampf werben. Sein wichtigstes Pfund waren die reichen Bürger der Städte Straubing, Landshut, Ingolstadt und München. Bei Gammelsdorf kam es 1313 zu der berühmten Schlacht. Die Österreicher mussten eine schwere Niederlage einstecken.

Das Stadtwappen Landshuts

Das Bündnis mit Ludwig wurde zu einer der großen Konstanten der bayerischen Städte im späten Mittelalter. Der Herzog und nachmalige König und Kaiser förderte sie, so gut er konnte, um seine Hausmacht zu begründen. In zahlreichen Städten wurde sein Andenken in hohen Ehren gehalten. Noch im 17. Jahrhundert stellten sie, wie etwa in Landshut, zu Ehren des großen Herrschers seine Statuen auf Brunnen an zentralen Plätzen. Einige Städte führen sogar ihr Wappen auf Kaiser Ludwig zurück. Eine alte Landshuter Sage zum Beispiel behauptet, dass Ludwig der Stadt das Wappen mit den drei Helmen wegen der Tapferkeit ihrer Bürger bei der Gammelsdorfer Schlacht verliehen habe. Tatsächlich hat der Sturm der Bürger zumindest die spätere Schlacht bei Mühldorf entschieden. Das Wappen mit den drei silbernen Eisenhüten auf blauem Grund ist allerdings schon weit vor Ludwigs Zeit erstmals nachgewiesen. Es symbolisiert nichts anderes als den Namen der Stadt, die zu „Schutz und Hut des Landes" gegründet worden war.

Noch aber wollte Friedrich der Schöne nicht aufgeben. 1314 kam es zu einer doppelten Königswahl im Reich. Ein Teil der Kurfürsten wählte Ludwig IV. von Oberbayern, ein anderer Friedrich den Schönen von Österreich. Es waren schwere Jahre für den Wittelsbacher, bis er sich gegen mancherlei Widerstände schließlich durchsetzte. 1319 war Heinrich XIV. von Niederbayern mit 14 Jahren endlich volljährig geworden und schloss für sich und seine beiden Miterben ein Schutz- und Trutzbündnis mit Ludwig. 1322 schließlich kam es zur finalen Auseinandersetzung zwischen Friedrich dem Schönen und Ludwig dem Bayern: der Österreicher, unterstützt vom König von Ungarn, den Bischöfen von Salzburg, Passau und Lavant und zahlreichen niederbayerischen Adeligen einerseits gegen den Bayern mit seinen niederbayerischen Verbündeten und den Städten andererseits. Auf den 28. September 1322 wurde die Entscheidungsschlacht angesagt.

Die letzte Ritterschlacht

Die berühmte Schlacht bei Mühldorf begann als die letzte reine Ritterschlacht auf deutschem Boden. Die Österreicher waren zunächst überlegen. Aber noch während der Schlacht wandte sich das Blatt, als die Niederbayern eingriffen, auf deren Seite ja vornehmlich städtisches Fußvolk stand. Die Spießträger begannen nun den mächtigen Rittern die Pferde zu erstechen. Schließlich folgte die gesamte bayerische Ritterschaft diesem Beispiel und stieg von den Pferden. Friedrich der Schöne, der an vorderster Front seiner Ritter gekämpft hatte, geriet in Gefangenschaft, der Kampf um die Vormacht zwischen Habsburg und Wittelsbach war zugunsten des Bayern entschieden.

Die Allianz zwischen Kaiser Ludwig und seinen niederbayerischen Vettern war nicht von Dauer. Volljährig und selbstbewusst geworden, versuchten die Jung-Herzöge eigene Wege zu gehen, gar eine Teilung Niederbayerns zu erreichen. Auf der Grundlage der Ottonischen Handveste allerdings sprachen sich die Landstände gegen eine Teilung aus und nahmen den drei Herzögen sogar das Versprechen ab, das Land lebenslang ungeteilt zu lassen. Schließlich trat der Kaiser wieder auf den Plan und Niederbayern wurde doch geteilt. Der älteste, Heinrich XIV., erhielt Landshut, Straubing, Pfarrkirchen und Schärding, Otto IV. bekam das Land im Südosten mit Burghausen als Zentrum, der jüngste, Heinrich XV., wählte den Natternberg bei Deggendorf zu seinem Stammsitz, weshalb man ihn später nur noch den „Natternberger" nannte. Von dort aus regierte er über Cham, Dingolfing, Landau und Vilshofen.

Wie zu erwarten: Die Teilung brachte nur Ärger. Nach dem Tod des Natternbergers 1333 und Herzog Ottos 1334 gelang es Heinrich XIV. aber ganz Niederbayern in seine Hand zu bringen, ohne auf Ottos unmündigen Sohn Rücksicht zu nehmen. Heinrich war mit seinem Schwiegervater Johann von Böhmen verbündet und stand nun gegen seinen ehemaligen Ziehvater Kaiser Ludwig, auf dessen Seite zunächst die Österreicher standen. Der Krieg entzündete sich an einer Auseinandersetzung um das Erbe in Tirol und Kärnten. Die Herrscher über die Teile des großen alten Bayern, Böhmen, Österreicher und die Bayern untereinander stritten sich einmal mehr um ehemals bayerisches Gebiet.

Die Schlacht bei Mühldorf. Von links stürmen die Ritter und Kriegsknechte Ludwigs des Bayern unter dem Reichsadler gegen das Heer Friedrichs des Schönen an. Buchmalerei aus dem Codex des Landgrafen Heinrich von Hessen.

Erneute Landesteilungen

Am Ende der Auseinandersetzung blieb Niederbayern verwüstet zurück. Als sich der Kaiser dann anschickte, Herzog Heinrich mit Waffengewalt und der Hilfe der Österreicher aus Niederbayern zu vertreiben, wechselte der zusammen mit seinem Schwiegervater die Seiten; der Böhmenkönig unterwarf sich dem Kaiser und der niederbayerische Herzog bot seinem oberbayerischen Vetter die Besiegelung der neuen Einigkeit mit einer Hochzeit an. Die versprochene Ehe zwischen dem neunjährigen niederbayerischen Prinzen Johann und Ludwigs Tochter Anna beendete die erste Zeit der bayerischen Teilungen. Denn schon im Herbst des Jahres 1339 war Heinrich XIV. von Niederbayern tot und sein Sohn folgte ihm ein Jahr später ins Grab. Ab sofort war Kaiser Ludwig alleiniger Herrscher in ganz Bayern.

Doch wie sehr sich der Kaiser auch bemühte, im Interesse der Hausmacht Wittelsbachs die Einheit seines Besitzes zu erhalten, schon wenige Jahre nach seinem Tod, 1349, einigten sich seine sechs Söhne auf eine erneute Teilung Bayerns in ein Ober- und ein Unterland. Dabei nahm sich der Älteste, Ludwig V., zusammen mit zwei weiteren Brüdern München und Oberbayern, der zweitälteste Sohn, Stephan II., ging nach Landshut und beteiligte dort ebenfalls noch zwei Brüder an der Regierung. Doch die beiden Mitregenten Stephans, Albrecht I. und Wilhelm I., drängten wenig später auf eine weitere Erbteilung und erreichten schließlich die Einrichtung eines dritten Teilherzogtums, das aus der großen Erbmasse, die der Kaiser hinterlassen hatte, eingerichtet wurde.

Zu dem neuen Herzogtum gehörte ein kleiner Teil Niederbayerns rund um die Hauptstadt Straubing mit dem Bayerischen Wald, dem Altmühl-Donauraum zwischen Dietfurt, Kelheim, Deggendorf und Schärding. Viel wichtiger aber waren die großen Besitztümer im Norden und Westen des Reiches: Der Hennegau, Holland, Seeland und Friesland mit so wichtigen Städten wie Valenciennes, Dordrecht, Rotterdam, Delft, Leiden, Haarlem und Amsterdam. Nach dem frühen Tod seines Bruders Wilhelm gelang es Albrecht I., sich in diesen reichen

Ländern festzusetzen. Straubing, kaum dass es Residenzstadt geworden war, sank mitsamt dem niederbayerischen Teilherzogtum drum herum zu einem Nebenland herab, in dem der Herzog nur alle paar Jahre für kurze Zeit persönlich auftauchte.

In der Zeit dazwischen lenkte der oberpfälzer Landgraf Johann von Leuchtenberg als „Gubernator" Albrechts die Geschicke des Straubinger Ländchens. Mit der Straubinger Macht im Rücken versuchte der geschickte Landgraf in dieser Zeit seine Stellung in Niederbayern auszubauen. Für den Hauptort seiner Grafschaft Hals bei Passau erlangte er die Stadtrechte, die allerdings die Zeiten nicht überdauerten. Ganz im Gegensatz zu dem alten leuchtenbergischen Marktflecken Grafenau, aus dem Johann im Einvernehmen mit dem Kaiser genauso eine Stadt machte wie aus dem alten Klostermarkt Osterhofen, den er über lange Jahre erworben hatte. Alle drei Orte kamen wenige Jahrzehnte später in wittelsbachischen Besitz.

Erst als Herzog Albrechts Sohn Albrecht II. mit 19 Jahren das rechte Alter hatte, durfte er 1387 selbst als Statthalter in Straubing einziehen. Der junge Fürst brachte damit der Stadt endlich den Glanz, den Landshut und auch München schon seit vielen Jahrzehnten genossen. Doch die Zeit, in der Straubing tatsächlich Residenz, wenn auch nur Statthalterresidenz, war, dauerte nur kurze zehn Jahre. 1397 starb Albrecht II., der ohne Frau und Nachkommen geblieben war, mit 29 Jahren. Sein jüngerer Bruder Johann III. überließ das Land ab 1402 wieder der Pflegschaft des Leuchtenberger Landgrafen.

Haupt- und Residenzstadt Straubing

Nahezu unberührt von dem Hin und Her in Bayern unter den Erben Kaiser Ludwigs nahm die Stadt Straubing vor allem in der Zeit Albrechts II. einen bis dahin ungeahnten Aufschwung. Aus der bescheidenen bayerischen Landstadt wurde eine Haupt- und Residenzstadt. Die heute noch bedeutenden großen Baudenkmäler der Stadt haben ihren Ursprung in dieser Zeit. Neben dem Herzogsschloss und dem Karmelitenkloster waren das nach dem Stadtbrand von 1393 die Votivkirche St. Veit und vor allem die große Pfarrkirche St. Jakob, deren Grundstein um 1400 gelegt wurde. An ihr arbeitete der Baumeister Hans von Burghausen, der zu gleicher

Straubing. Kupferstich von Matthäus Merian, 1644.

Zeit am Landshuter Martinsmünster tätig war. All diese Bauten wurden prächtig nach dem neuesten Geschmack der Zeit ausgestattet – die Verbindung zu den kulturell und künstlerisch weit fortgeschrittenen Niederlanden machte es möglich. Die reichen Straubinger Familien trugen fortan Kleidung nach dem letzten Schrei der berühmten burgundischen Mode. Und im Herzogsschloss wurde der Rittersaal gebaut, einer der größten mittelalterlichen Festsäle Deutschlands, der seinesgleichen nur in der Residenz zu Den Haag kennt. Umgekehrt verewigten sich natürlich auch die Bayern in Holland. Noch heute tragen die Delfter Deichgrafen die weißblauen bayerischen Rauten im Wappen.

Johann war ein Freund der Wissenschaften und schönen Künste und wollte sein Leben lieber in seiner Hauptstadt Lüttich als in der bayerischen Provinz verbringen. Nach dem Tod seines Vaters hatte er zeitlebens um sein niederländisches Erbe zu kämpfen. Als er schließlich im Januar 1425 einem Giftanschlag zum Opfer fiel, da war auch das Ende des Teilherzogtums Niederbayern-Holland gekommen. Philipp der Gute von Burgund, ein Neffe Johanns, bemächtigte sich der niederländischen Gebiete des Teilherzogtums. Über das Straubinger Ländchen dagegen warfen die wittelsbachischen Erben das Los.

Die Politik des Landshuter Herzogs Stephan II. war auch in der Zeit nach der Abtretung des Straubinger Teilherzogtums an seine Brüder nicht unbedingt glücklich. Nach dem

Tod des Münchner Bruders Ludwig, der auch Tirol besessen hatte, machte er sich 1363 mit Billigung der nieder- und der oberbayerischen Landstände daran, das ganze altbayerische Herzogtum in seiner Hand zu vereinigen – ohne allerdings das Erbrecht der brüderlichen Mitregenten Ludwigs zu berücksichtigen. Es folgten jahrelange Auseinandersetzungen, an deren Ende schließlich das große Erbe Ludwigs des Bayern zerfiel. Tirol ging an die Habsburger verloren, die Mark Brandenburg an die Luxemburger. Nach dem letzten Friedensschluss 1373 blieben Herzog Stephan nur noch zwei Jahre, in denen er seinen zweifelhaften Erfolg genießen konnte. In dieser Zeit war die Burg Landshut Ludwig des Kelheimers ein letztes Mal die Regierungszentrale des ganzen Landes.

Als die Söhne Stephans 1375 die Regierung antraten, waren sie sich bewusst, was diese Einheit gekostet hatte und wollten sie nicht so schnell wieder durch eine Teilung gefährden. Gemeinsam versuchten die Herzöge Friedrich, Stephan III. und Johann II. die wittelsbachische Macht im vereinigten Land auszubauen, erwarben in Niederbayern die Herrschaften Julbach und Erneck bei Simbach, Leonberg am Inn mit den Marktplätzen Marktl und Tann, Baumgarten im Rottal, Teisbach bei Dingolfing und Ratzenhofen bei Abensberg.

Schließlich aber kam es 1392 doch zur dritten und letzten umfangreichen Landesteilung. Während sich Herzog Friedrich das große, geschlossene, nur durch das Straubinger Ländchen geschmälerte Unterland mit der Hauptstadt Landshut behielt, teilten sich Stephan III. und Johann II. durch Los das Oberland. Dabei entstanden zwei zersplitterte und ineinander verschränkte Herrschaftsgebiete mit Residenzen in München und Ingolstadt, die besonders bei dem Ingolstädter Stephan und seinem Sohn Ludwig dem Bärtigen einen dauernden Minderwertigkeitskomplex und ständigen Neid gegenüber den glücklicheren Münchnern und den reicheren Landshuter Vettern schürten.

Doch mit dem Reichtum der Landshuter war es zunächst noch nicht so weit her. Schon ein Jahr nach der Teilung starb Herzog Friedrich und hinterließ als einzigen Sohn aus seiner Ehe mit Maddalena, der Tochter des Mailänder Machthabers

Bernabo Visconti, den erst siebenjährigen Heinrich XVI. Die Frage, wer über den jungen niederbayerischen Herzog Vormund sein sollte, war der erste Anlass zum Streit zwischen dem Ingolstädter und dem Münchner Herzog. Schließlich konnte sich ein Vormund bei vorzeitigem Ableben des Mündels möglicherweise dessen komplettes Erbe sichern. Die Jahre der Vormundschaftsregierung der Oberbayern über den Landshuter Neffen waren eine ruinöse Zeit für das niederbayerische Herzogtum. Zerstritten wie die Herzöge untereinander waren, versuchten jeder einzeln und alle gemeinsam, so viel Honig wie möglich aus dem ohnmächtig daliegenden Unterland zu saugen.

Erst 1404 wurde der junge Landshuter Herzog volljährig. Jetzt beherrschte er ein vergleichsweise großes, wenn auch durch die elfjährige Vormundschaftsregierung ausgeblutetes Niederbayern. Es spricht für Heinrichs überlegenes politisches Geschick, dass er nach 46-jähriger Regierungszeit ein bedeutend vergrößertes, wohlgeordnetes Land mit einem sagenhaften Staatsschatz hinterließ, weswegen ihm schon seine Zeitgenossen den Beinamen „der Reiche" gegeben haben.

Niederbayerische Gotik

Im 14. und 15. Jahrhundert sah Niederbayern seine große Zeit. Während sich das Mittelalter dem Ende zuneigte und sich der Humanismus in allen Bereichen des Denkens und des künstlerischen Ausdrucks Bahn brach, wurde das bayerische Unterland zu einer der wirtschaftlich herausragenden und politisch führenden Regionen des Reichs. „Des Heiligen Römischen Reichs Rosengärtlein" nannten die Kaufleute dieses Land, nachdem die Herzöge mit Erfolg das Raubrittertum bekämpft und die Straßen und Handelswege sicher gemacht hatten. Die wirtschaftliche Prosperität und Ordnung bescherte nicht nur den Fürsten Reichtum, sondern brachte auch den Bürgern und Bauern bis dahin unerhörten Wohlstand.

In einem solchen Umfeld blühten selbstverständlich die Künste. Während Straubing anfangs aus den Niederlanden beeinflusst wurde, überwogen hier ab der Übernahme durch die Münchner Herzöge die Einflüsse aus Oberbayern. Dagegen nabelte sich die Residenzstadt Landshut langsam von den dominierenden Kunstzentren in Regensburg und Salzburg ab und begann selbst Kunstwerke in den ganzen niederbayerischen Herrschaftsbereich und darüber hinaus zu exportieren.

Besonders augenfällig ist die Entwicklung im Bereich der Architektur. Die zuvor großenteils noch aus Holz gebauten Häuser in den Städten und Märkten wurden nach und nach durch Ziegelbauten ersetzt. Noch heute geht der Kern der meisten historischen Häuser in den niederbayerischen Städten auf die Zeit der Spätgotik zurück. Wenn es um die Ausbreitung von Handwerk und Technik ging, spielten die Grenzen der einzelnen Adelsherrschaften, der geistlichen Fürstentümer oder der bayerischen Teilherzogtümer untereinander übrigens kaum eine Rolle. So finden wir etwa die Baumeisterfamilie der Krumenauer am Passauer Dom genauso wie an den großen Stadtkirchen in Landshut und Straubing.

St. Martin zu Landshut

Der sicher beeindruckendste Kirchenbau dieser Zeit in Niederbayern ist der 1389 begonnene Neubau der Martinskirche zu Landshut. Über hundert Jahre lang haben mindestens vier Generationen von Baumeistern an dem riesigen Werk gearbeitet. Um 1500 war der 131 Meter hohe Turm fertig – der höchste Ziegelturm der Welt und nach dem Turm des Straßburger Münsters das zweithöchste Bauwerk des Mittelalters. Unmittelbar nach seiner Vollendung war die nach dem letzten künstlerischen und technischen Schrei ausgestattete Martinskirche Ziel zahlreicher Schaulustiger aus nah und fern. So berichteten Reisende aus dem weltgewandten und kunstfertigen Nürnberg im Jahr 1495 dem Rat ihrer Stadt, in Landshut gebe es eine Kirchturmuhr, die könne sogar die Viertelstunden schlagen. Sowas hatten die Nürnberger bisher noch nie gesehen und sie wiesen ihre Uhrmacher an, es den Landshutern im Handumdrehen gleichzutun. Heute gehört der Viertelstundenschlag zum Repertoire der allermeisten Turmuhren in ganz Europa.

Die Krumenauer hatten ihr Handwerk vermutlich bei den Parlern in Prag gelernt. Wie überhaupt die niederbayerische Architektur jener Zeit deutlichen mitteleuropäischen Einflüssen unterliegt. Mag sonst fast überall im Reich die althergebrachte fränkische Bauweise des Fachwerks dominieren – in Niederbayern, genauso wie in Österreich und Böhmen wird in massiven Ziegeln gebaut.

Die Nachfolger der Krumenauer organisierten sich in einer Bauhütte rund um den großen Landshuter Baumeister Hans von Burghausen, pflegten Austausch mit den bedeutenden Baumeistern ihrer Zeit, arbeiteten an den wichtigsten Projekten von Straßburg bis Wien. Meister Hans selbst baute an der

Meister Hans von Burghausen († 1432). Idealisierte Porträtbüste vom Epitaph des Baumeisters an der Landshuter Martins-Basilika. Auf der darüberliegenden Inschrifttafel heißt es, Meister Hans sei neben St. Martin Baumeister der Landshuter Spitalkirche und außerdem der Kirchen zu Straubing, Neuötting, Wasserburg und Salzburg gewesen.

93

Martins- und der Spitalkirche in Landshut sowie an den großen Kirchen in Salzburg, Wasserburg, Neuötting und Straubing und entwickelte dabei die Sonderformen der altbayerischen Ziegelgotik. Seine Schüler überzogen das ganze Land von Erding im Westen bis Schärding im Osten mit einer riesigen Anzahl kleiner und großer Sakralbauten der Landshuter Bauhütte. – Es ist die große Zeit der niederbayerischen Hallenkirchen, deren letzte Vertreter, wenn man so will, in den oberbayerischen Städten Ingolstadt und München entstehen. Auch Meister Jörg, der Erbauer der Münchner Frauenkirche, war ein Niederbayer. Er kam aus Gangkofen im Rentamt Landshut.

„Wult gott!" – Herzog Heinrich der Reiche

Nach rund 150-jähriger Sonderentwicklung war im Unterland auf der Grundlage der Ottonischen Handveste und anderer Sonderrechte so etwas wie ein frühes staatliches Eigenleben gewachsen, das sich im 15. Jahrhundert noch weiter entwickeln sollte. Herzog Heinrich und seine Vettern in den anderen Teilherzogtümern waren sich bewusst, dass sich die Teile Bayerns auseinanderentwickelt hatten. Sie begannen nun auch in ihren Titeln zu unterscheiden in ein „obern und nidern Bairn". Herzog Heinrich schließlich kehrte den Titel für sich und seine Nachfahren selbstbewusst um und nannte sich „Heinrich von Gottes Gnaden Pfalzgraf bei Rhein und Herzog in Niedern und Obern Bayern". Und als einer der ersten Fürsten des Reiches begann er viele seiner Urkunden eigenhändig zu zeichnen mit der Initiale „h(einrich)" und der Devise „Wult gott".

Während der Vormundschaftsregierung hatten sich die niederbayerischen Städte dem Herzog entfremdet und pochten, aufbauend auf den alten und weitgehenden Freiheiten Kaiser Ludwigs, je länger je mehr auf ihre bürgerliche Selbstbestimmung und Selbstverwaltung. Ein eindrucksvolles Beispiel dafür gibt die Hauptstadt Landshut. Unmittelbar nach seinem Regierungsantritt hatte Herzog Heinrich begonnen, die Stadt tiefgreifend umzugestalten und zu erweitern. Schließlich sollte die althergebrachte Hauptstadt den ersten Rang behaupten vor den jüngeren Residenzen München und Ingolstadt, die gerade von den wittelsbacher Vettern glänzend aufpoliert wurden. Die Landshuter Bürger aber wehrten sich zunehmend gegen die hohen Finanzierungslasten für die Repräsentationsbauten. In den Jahren 1408 und 1410 kam es zu schweren Bürgeraufständen, die der Herzog blutig niederschlagen ließ. Ganz ähnlich wie die Passauer wurden die Landshuter Bürger damit auf Dauer an die Kandare gelegt. Reich durften sie sein – politische Eigenverantwortung auf Augenhöhe mit dem Herzog blieb ihnen großenteils versagt.

Auch das Verhältnis Herzog Heinrichs zu seinen wittelsbachischen Vettern in München und Ingolstadt stand nicht zum Besten. Besonders mit dem prunkliebenden Ingolstädter Ludwig dem Bärtigen, der als Schwager des französischen Königs viel auf verfeinerte Lebensart hielt und den Glanz der großen Welt nach Ingolstadt brachte, verband Heinrich eine Todfeindschaft. Ludwig hatte den jungen Heinrich auf dem Konzil von Konstanz schwer beleidigt. Anderntags hatte der jähzornige Heinrich deswegen einen Anschlag auf Ludwig verübt, dem der Ingolstädter fast zum Opfer gefallen wäre.

Die Hussiten

Heftig zu leiden hatte Niederbayern in dieser Zeit unter den wiederholten Einfällen der Hussiten. Jahr für Jahr drangen die Söldnerhaufen der böhmischen Reformatoren über die Grenze vor, verwüsteten Städte, Dörfer und Klöster der Oberpfalz und des Bayerischen Waldes bis weit hinein in das Straubinger Land. Erst nach langen Kriegsjahren und nachdem die Böhmen schwere Niederlagen eingesteckt hatten, konnte die Hussitengefahr endgültig beseitigt werden.

Als 1425 mit Johann III. der letzte Fürst des Teilherzogtums Niederbayern-Straubing-Holland gestorben war und es um die Verteilung des Straubinger Ländchens ging, rächte sich die Feindschaft zwischen beiden. Der Ingolstädter beanspruchte als ältester Herzog das ganze Straubinger Ländchen für sich. Der Landshuter war für eine Dreiteilung unter den drei altbayerischen Linien des Hauses Wittelsbach. Die Münchner Herzöge dagegen dachten weitgehend unpolitisch, auf ihren Eigennutz. Sie verlangten eine Vierteilung des Ländchens – schließlich waren sie zwei Herzöge. Damit setzten sie sich beim Kaiser durch, dem eine weitere Aufsplitterung Bayerns nur recht sein konnte.

Die Bernauerin

In der Stadt Straubing, die 1425 in Münchner Besitz übergegangen war, spielt eines der großen volkstümlichen Dramen der niederbayerischen Geschichte: Die Geschichte um Agnes Bernauer. Der Münchner Herzogssohn Albrecht (III.) war mit der Augsburger Baderstochter eine unstandesgemäße Liebesehe eingegangen und lebte mit ihr jahrelang in Vohburg an der Donau. Dem Vater, Herzog Ernst, war diese Ehe ein schwerer Dorn im Auge, konnten doch die Nachkommen der „Badhur" niemals reinblütige und rechtmäßige Erben seines

Die „Bernauerin" und ihr Herzog Albrecht. Szenenbild aus der Aufführung 2003 der Agnes-Bernauer-Festspiele Straubing. Foto: Ronny Lang, Straubing.

Hauses sein. Herzog Ernst ließ sie verhaften, nach Straubing bringen und ihr dort den Prozess machen. Am 12. Oktober 1435 wurde die Bernauerin in der Donau ertränkt. Anschließend aber ließ der Herzog auf dem Straubinger Petersfriedhof eine Sühnekapelle für die Bernauerin bauen, in der heute noch der Grabstein mit dem Bild der toten Baderin zu sehen ist. Der Münchner Komponist Carl Orff machte 1944 aus dem dramatischen Bernauer-Stoff ein großes musikalisches Bühnenwerk, und in Straubing gibt es seit 1935 in vierjährigem Turnus Agnes-Bernauer-Festspiele.

Schließlich aber eroberte der zähe Niederbayer doch die Führungsposition unter den bayerischen Herzögen. Denn gegen Ende seines Lebens hatte sich der Ingolstädter Ludwig in eine langwierige kriegerische Auseinandersetzung mit dem eigenen Sohn verstrickt, der den Vater schließlich dem Landshuter Todfeind auslieferte. Heinrich setzte den Ingolstädter für den Rest seines Lebens in Burghausen in Gefangenschaft. Ludwig der Bärtige, der mit dem Ingolstädter Münster für sich eine großartige Grabeskirche gebaut hatte, wurde 1447 sangund klanglos im Kloster Raitenhaslach bei Burghausen beigesetzt.

Zwischenzeitlich hatte auch der Sohn Ludwigs das Zeitliche gesegnet und nun griff Heinrich entschlossen zu und brachte das ganze Ingolstädter Teilherzogtum in seine Gewalt – ohne Rücksichten auf München oder das Reich. Ludwigs beträchtliche Ingolstädter Habe, darunter wertvolle Bücher und zahlreiche berühmte Kleinodien aus dem französischen Kronschatz, wanderten in Heinrichs legendären Burghausener Schatzturm. Erst nach Heinrichs Tod 1450 einigte sich sein Sohn mit den Münchnern auf eine kleine Abfindung.

„Du freyst mich!" – Herzog Ludwig der Reiche

Auf der Grundlage, die sein Vater geschaffen hatte, entwickelte sich Heinrichs Sohn Ludwig zu einem der bedeutendsten Fürsten seiner Zeit. Auch er wurde „der Reiche" genannt. Der Beiname bedeutete bei ihm, über den finanziellen Reichtum hinaus, aber mehr „der Prunkvolle" oder „der Glänzende". Seine Devise „(Herrgott,) Du freyst mich" war zwar mittelalterlich gottesfürchtig, hatte aber auch einen barock-prächtigen Unterton, der seinem Vater, wie auch später seinem Sohn, abging. Dabei hatte Ludwig zu Anfang seiner Regierungszeit mit einem Umstand zu kämpfen, der seinem Herzogtum beinahe den sprichwörtlichen Wohlstand gekostet hätte.

Der Graf von Öttingen im Ries und einige andere Münzherren rund um Bayern kamen damals auf die Idee, die aus Regensburg, Landshut, München und Ingolstadt stammenden bayerischen Pfennige nachzuprägen. Allerdings mit einem wesentlich geringeren Feinsilbergehalt als ihn die Bayernpfennige aufwiesen. Diese von den Leuten „Schinderlinge" genannten Münzen überschwemmten das Land. Obwohl sich die Herzöge aus Landshut und München zusammentaten, waren sie gegen die jahrelang grassierende Geldentwertung zunächst machtlos.

Die Schinderlingszeit

Die rasende Geldentwertung hatte all die Nebenerscheinungen, die auch heute von einer galoppierenden Inflation bekannt sind: Schwarzmarkt, Schieberei, Flucht in Sachwerte, Armut, Hunger. „Da ist manig man mit verdorben und der ander reich geworden", schrieb Aventinus. Das schlechte Geld war damals in solchen Mengen vorhanden, dass die Kinder auf den Gassen damit spiel-

Schinderlingspfennig.

ten. Am 7. April 1460 kam es zur Währungsreform durch die bayerischen Herzöge: Nur noch die guten alten Pfennige der Herzöge Heinrich und Ludwig, ihrer Münchner Vettern, sowie des Bischofs von Passau und die Goldmünzen vom Rhein und aus Ungarn durften angenommen und in Umlauf gebracht werden. Die Herzöge kamen überein, selbst überhaupt keine Pfennige mehr zu prägen. Über Nacht war die Inflation behoben, die Menschen fassten wieder Vertrauen. So blieb das Geld fast 50 Jahre lang stabil. Erst nach dem Landshuter Erbfolgekrieg betrieb Herzog Albrecht IV. dann eine große Münzreform. Er führte den Goldgulden ein, der als gesetzliches Zahlungsmittel Bestand hatte, bis 1871 die Reichsmark kam.

Ludwig, der „hochgepreiste fürst in allem römischen reich", war ein Mann mit Lebensart und weitgespannten kulturellen und politischen Ambitionen. Er holte 1459 den Heidelberger

Juristen Dr. Martin Mayr an seinen Hof, einen gelehrten Humanisten, der im Rat des Herzogs zum wichtigsten außen- und innenpolitischen Impulsgeber wurde. Innenpolitisch war 1472 die Gründung der Hohen Schule zu Ingolstadt Ludwigs und Mayrs bedeutendste Tat. Die erste bayerische Landesuniversität sollte die Ingolstädter für den Verlust der Hauptstadtfunktion entschädigen und gleichzeitig Strahlkraft im ganzen süddeutschen Raum entwickeln.

Die Universität

In der lateinischen Eröffnungsrede, die Mayr am 26. Juni 1472 in Anwesenheit des Herzogs gehalten hat, heißt es: „Mein gnädiger Herr Herzog Ludwig ist der Meinung, dass unter den Glücksfällen, die ein sterblicher Mensch in diesem unsicheren Leben als Gottes Geschenk erlangen kann, kein größeres ist als jenes, wodurch jemand durch ständiges Studium die Perle der Wissenschaft erringt." Mayr zitiert Cicero: Es gebe nichts Göttlicheres als die Vernunft, die des Lebens Weisheit genannt wird, wenn sie einmal im Menschen herangewachsen und zur Reife gelangt sei. „Das Studium der Wissenschaften ist Wegweiser für die Jugend, ergötzt das Alter, schmückt das Glück und gewährt in widerwärtigen Zeiten Zuflucht und Trost. Es erfreut zu Hause, hindert nicht draußen, übernachtet mit uns, reist mit uns und geht mit uns auf das Land. Es vergrößert die Begierde nach mehr Wissen, bringt den Ermüdeten Ruhe und Trost, macht ihre Adepten und Beflissenen reicher und hervorragender, tröstet und erfreut unermüdlich die Gefährten und lässt niemand von sich gehen – er sei denn besser." Nicht Schlaf und Spiel und Faulheit solle die Jugend obliegen und das Alter nicht den Klagen und dem Banausentum. Vielmehr soll die Zeit sorgsam verwendet werden auf das Studium. „Handelt Ihr so, dann werdet Ihr durch die Fülle des Wissens würdig und durch Scharfsinn geeignet sein, Gnade, Wohlwollen und Gunst Eures gnadenbeflissenen Herrn Herzogs, aufrichtigen Herzens zu erwerben und aus lebendigem Quell Wasser zu schlürfen. Zum Lobe Gottes Amen."

Ludwigs Niederbayern wurde in der Folgezeit Ausgangspunkt für umfangreiche Pläne zu einer Reform des Reiches. Dazu knüpfte Mayr ein groß angelegtes Bündnissystem von Böhmen

Die „Einholung der Braut". Historistisches Wandgemälde von August Spieß im Landshuter Rathausprunksaal. Diese und andere Szenen von Rudolf Seitz,

bis Burgund, mit dessen Hilfe man den Habsburger Kaiser Friedrich III., den Zeitgenossen „des heiligen Römischen Reichs Erzschlafmütze" nannten, zu entmachten suchte. Schon hier bahnte sich eine Politik an, die letztlich zur großen Auseinandersetzung mit Habsburg gegen Ende des Jahrhunderts führte.

In der Heiratspolitik setzte Ludwig die alte Tradition der niederbayerischen Wittelsbacher fort und orientierte sich nach Osten. Er selbst heiratete 1452, damals bereits außerordentlich prächtig, eine Tochter des sächsischen Kurfürsten. Für seinen Sohn Georg war zunächst eine böhmische Prinzessin im Gespräch, schließlich fiel die Wahl aber auf Hedwig, die Tochter des Polenkönigs Kasimir, der damals über das weitaus größte und mächtigste Reich Europas herrschte. Die berühmte „Landshuter Hochzeit" fand am 14. November 1475 statt.

Ludwig Löfftz und Konrad Weigand gaben 1902 den Anstoß zu den Historischen Festspielen „Landshuter Hochzeit 1475". Foto: Toni Ott, Landshut

Die Landshuter Hochzeit

Es war eine der größten und prächtigsten Hochzeiten des späten Mittelalters. Neben Kaiser Friedrich III. und seinem Sohn Maximilian stand die Creme de la Creme der Fürsten des Reiches auf der Gästeliste. Schon die Zeitgenossen erwähnten immer wieder den Glanz der außergewöhnlich aufwendigen und teuren Feierlichkeiten, bei denen Einheimische wie Gäste zehn Tage lang freigehalten wurden. Die Gesamtkosten addierten sich auf über 60 000 Rheinische Gulden. Dabei ist das 10 000 Gulden teure Hochzeitsgeschenk für Hedwig noch nicht mitgerechnet. Zum Vergleich: Die Gesamteinnahmen des sehr wohlhabenden Herzogtums Niederbayern-Landshut betrugen 1474 gut 54 000 Gulden, 1475 nur knapp 50 000 Gulden. Die niederbayerischen Herzöge waren also so reich, ihre Rücklagen waren so groß, dass sie für ein Repräsentationsereignis, wie es die Hochzeit war, mehr als einen kompletten Jahresetat veranschlagen konnten. Die Abrechnungen zur Hochzeit sind in einer Reihe von ausführlichen Chronistenberichten bestens erhalten und bilden seit über hundert Jahren den Hintergrund für das Dokumentarspiel „Landshuter Hochzeit 1475", das alle vier Jahre als größtes historisches Fest Deutschlands mit rund zweieinhalbtausend Mitwirkenden stattfindet.

„Wie gott will!" – Herzog Georg der Reiche

Nach dem Tod Ludwigs des Reichen 1479 zeigte Georg der Reiche ein ganz anderes Gesicht. Er war – im Gegensatz zu seinem Vater – ein bis zur Knausrigkeit genauer Haushalter, der andererseits auch Wert auf große repräsentative Bauten legte. Er, dessen Devise „Wie gott will!" war, ist der Mitstifter zahlloser großer und kleiner Kirchen im Herzogtum Niederbayern-Landshut. Zu den wichtigsten profanen Bauten, die maßgeblich unter seiner Regierung entstanden, gehören die heute in Oberbayern liegenden landshutischen Residenzschlösser Burghausen und Ingolstadt. Die Burg zu Burghausen, Familiensitz der niederbayerischen Wittelsbacher, wurde zur größten Burg Deutschlands ausgebaut. Das Neue Schloss zu Ingolstadt, einer der Lieblingsaufenthalte des Herzogs, beeindruckt mit den vermutlich schönsten Profanräumen der deutschen Spätgotik.

Reichspolitisch sah Georg die Möglichkeit, mit einer Politik der kleinen Schritte, den österreichischen Habsburgern allmählich den Rang abzulaufen. Dazu sollten alle Mitglieder des Hauses, Pfälzer und Münchner unter Landshuter Führung, an einem süddeutschen Großreich der Wittelsbacher bauen. Das konnte seiner Meinung nach nur vom Kernland Niederbayern aus funktionieren. Da von Georgs Söhnen keiner das Kindesalter überlebte, setzte er seine eigene Tochter Elisabeth zur Erbin ein, verheiratete sie überdies mit seinem Neffen, dem Wittelsbacher Kurfürsten Ruprecht von der Pfalz und ließ den beiden kurz vor seinem Tod von den wichtigsten Städten seines Landes huldigen. Georgs Testament allerdings war nicht nur gegen das Reichsrecht, sondern auch gegen das Hausrecht der Wittelsbacher. Demzufolge war der Münchner Herzog Albrecht IV. der legitime Landshuter Erbe.

Albrecht war auch keinesfalls gewillt, sein Erbe preiszugeben und wandte sich deswegen an Kaiser Maximilian. Für den Habsburger war das ein willkommener Anlass, wieder einmal einen Keil ins Wittelsbacher Lager zu treiben und gleichzeitig die habsburgischen Interessen zu sichern – nicht nur ideell. Für die Unterstützung Albrechts und seinen Schiedsspruch verlangte er als „Interesse", wie es damals hieß, einen beträchtlichen Teil des damaligen Niederbayern.

Als Georg der Reiche im Dezember 1503 starb, hielt sein Schwiegersohn Ruprecht den Tod des Herzogs tagelang geheim, um sich besser für einen bewaffneten Konflikt rüsten zu können. Trotzdem wurde danach noch Monate erfolglos weiterverhandelt, bis der Krieg im April 1504 unvermeidlich war: Der Landshuter Erbfolgekrieg gehört zu den verheerendsten Kriegen, die Niederbayern im Lauf seiner Geschichte erlebt hat. Mächtigster Verbündeter der Pfalz-Landshuter Seite ist der legendäre Burghausener Schatz, der hilft, die Söldner zu zahlen.

Der Burghausener Schatz

Zeitgenossen berichten, der Schatz habe um die Zeit 1503/1504 sage und schreibe 1,5 Millionen Rheinische Gulden betragen, plus den Wert des Truppenproviants und der teuren Rüstungsgüter. Es ist natürlich schwierig, den Wert des Burghausener Schatzes in heutiges Geld umzurechnen. Dennoch: Es gibt Fachleute, die setzen für einen Rheinischen Gulden um die 50 Euro heutiger Währung an. Danach wäre allein die Barschaft des Schatzes bis zu 750 Millionen Euro wert gewesen. Dabei mussten Elisabeth und Ruprecht noch nicht einmal auf diesen Schatz zurückgreifen. Denn auf der Trausnitz lagen 1504 noch von den letzten Steuereinnahmen Herzog Georgs rund 100 000 Gulden, also heute fünf Millionen Euro. Doch das ganze Geld löste sich im Lauf des folgenden Kriegs in Nichts auf. Sogar die kostbaren Pretiosen, wie etwa das silberne Tafelgeschirr der reichen Herzöge, wurden in ganzen Wagenladungen an die Söldner verscherbelt. Als eines der wenigen Kleinodien aus der Burghausener Schatzkammer überdauerte das berühmte Goldene Rössl den Krieg. Herzog Albrecht IV.

schenkte es der Gnadenkapelle im früher niederbayerischen Altötting als Reparationsleistung für die Kriegsverwüstungen. In der
dortigen Schatzkammer ist es heute noch zu bewundern.

Unentschieden toben die Kämpfe wochenlang. Kaum ein Dorf
gibt es, keinen Markt und keine Stadt, wo man nicht schlimm
unter den Kriegshandlungen zu leiden hat. Besonders heftig
trifft es Landau, das am 29. Juni 1504 komplett niedergebrannt
und tagelang geplündert wird. Überall werden Frauen und Kinder geschändet, Bauern und Kaufleute ermordet und geplündert, junge Leute zu Krüppeln geschossen.

Den grausamen Krieg entscheidet schließlich eine Krankheit.
In beiden Heerlagern nämlich bricht die Rote Ruhr aus, eine
schwere Durchfallerkrankung, die durch Auszehrung zum Tod
führt. Das Landshuter Herzogspaar Ruprecht und Elisabeth
stirbt daran. Der Krieg ist entschieden – aber noch längst nicht
zu Ende. Der Segen des Burghausener Schatzes wandelt sich
zum Fluch. Geld ist noch immer da im Überfluss. Und solange
sie bezahlt werden, kämpfen die Hauptleute mit ihren Soldaten
weiter. Schließlich beenden Kaiser Maximilians Kanonen den
Krieg. Sie brechen den Widerstand der damals noch zu Niederbayern gehörenden Festung Kufstein im Inntal, der Habsburger lässt den treuen Burghauptmann Hans von Pienzenau
hinrichten. Die Städte Rattenberg, Kitzbühl und Kufstein, die
1189 aus Riedenburger Besitz an die Wittelsbacher gekommen
waren, werden als Maximilians „Interesse" tirolisch.

Am 30. Juli 1505 schließlich ergeht Maximilians „Kölner
Spruch", ein Kompromiss, wie er sich bereits vor dem Krieg
abgezeichnet hatte: Aus Herzog Georgs Erbe und aus pfälzischen Gebieten an der Donau und im Nordgau formt der
König für Ruprechts und Elisabeths Söhne Ottheinrich und
Philipp die „Junge Pfalz" mit der alten Ingolstädter Zweitresidenz Neuburg als Zentrale. 24 000 Gulden sollte der Fleckerlteppich aus heterogenen Herrschaften Herzog Georgs Enkeln
im Jahr einbringen. Nach Abzug seines territorialen „Interesses" gibt der Habsburger den Rest Bayerns in die Hände der
Münchner Herzöge Albrecht und Wolfgang. Seit dieser Zeit
wird Niederbayern von München aus regiert.

Bavaria inferior: Frühe Neuzeit

Renaissance in Niederbayern

Im blutigen Erbfolgekrieg war die jahrhundertelang bewährte Eigenstaatlichkeit Niederbayerns untergegangen und es sollte künftig keine Chance für ein neues selbstständiges Niederbayern mehr geben. 1506 erließ Herzog Albrecht IV. das sogenannte Primogeniturgesetz. Danach sollte nur immer der erstgeborene Herzogssohn das ganze Herzogtum Bayern erben, die Nachgeborenen leer ausgehen. Als dann zwei Jahre später der Erbfall unter den Söhnen Albrechts eintrat und der älteste Sohn Wilhelm Herzog wurde, sollten die Brüder Ludwig und Ernst mit dem Grafentitel abgespeist werden. Aber damit wollte sich vor allem Ludwig nicht zufrieden geben. Er verlangte seinen Anteil, weil er vor dem Erlass des Primogeniturgesetzes geboren worden sei. Schließlich einigten sich die Brüder 1514 auf eine gemeinsame und einvernehmliche Regierung nach außen, nach innen aber auf eine Nutzteilung. Ludwig X. bezog die Burg in Landshut und regierte von dort aus über die Rentämter Landshut und Straubing, das vormals niederbayerische Rentamt Burghausen ging zusammen mit dem Rentamt München an seinen oberbayerischen Bruder.

Vor allem die niederbayerischen Landstände hatten Ludwigs Selbstständigkeitsbestrebungen unterstützt und damit die letzten Reste niederbayerischer Eigenstaatlichkeit verteidigt. Sie kamen zwar künftig mit den oberbayerischen Landständen zu gemeinsamen Landtagen zusammen, blieben aber juristisch weiterhin selbstständig und behielten auch ihr Landschaftsgebäude in Landshut bei. Das ganze 16. Jahrhundert hindurch fanden dort weiterhin regelmäßig Landtage statt. Rechtlich allerdings wurden Ober- und Niederbayern aneinander angeglichen. Bis 1520 erarbeiteten die beiden Landstände eine neue gemeinsame Landesordnung, eine Landrechtsreform und schließlich eine gemeinsame Gerichtsordnung für Ober- und Niederbayern. So beschloss etwa 1516 ein gemeinsamer Land-

Herzog Ludwig X. im Jahr 1516. Der Landshuter Hofmaler Hans Wertinger fertigte unzählige solcher Porträts, die die Attraktivität des Herzogs bei potenziellen Bräuten in halb Europa deutlich machen sollten. Doch der Aufwand war vergebens – Ludwig blieb ehelos.

tag in Ingolstadt das Reinheitsgebot für Bier in ganz Bayern. Einen niederbayerischen Vorläufer für dieses älteste Lebensmittelgesetz der Welt hatte Herzog Georg der Reiche bereits 1493 erlassen. Völlig abgeschlossen wurde die Rechtseinheit von Ober- und Unterland erst unter Kurfürst Maximilian I., trotzdem lebte das Bewusstsein der niederbayerischen Selbstständigkeit wenigstens dem Namen nach weiter. Noch jahrhundertelang war von den beiden „Herzogtumen Obern- und Niedernbaiern" die Rede.

Ludwig X. also folgte den reichen Herzögen auf dem Landshuter Herzogsstuhl. Anders als die Herzöge in „Niedern und Obern Bayern" nannte er sich künftig „Inferioris Bavariae Dux", also „Herzog von Niederbayern". Erst als feststand, dass er ehelos und damit ohne legitime Erben bleiben würde, tauschte er seine Titulatur in „Utriusque Bavariae Dux", also „Beider Bayern Herzog".

Italienische Renaissance

Der Herzog entwickelte sich in Landshut zum prächtigen Renaissancefürsten, der den schönen Künsten, der Jagd und dem guten Essen außerordentlich zugetan war. Auf einem Kriegszug in Oberitalien machte er einen Verwandtenbesuch bei den Gonzaga in Mantua. Dort beeindruckte ihn der neue Palazzo del Te, den der Raffael-Schüler Giulio Romano eben fertiggestellt hatte, derart, dass er Romanos Mitarbeiter nach Landshut holte für den Bau seiner neuen Stadtresidenz. Was folgte, ist in der deutschen Baugeschichte völlig einmalig geblieben. Direkt gegenüber dem Landshuter Rathaus bauten die Italiener im Anschluss an den sogenannten Deutschen Bau der Residenz einen reinrassigen italienischen Palazzo, wie er ebenso in Mantua, Ferrara oder Florenz stehen könnte. Der Innenhof atmet den Geist der italienischen Renaissance. Ausgestattet wurden die Räume nach den damals modernsten Konzepten der Raumkunst von den bedeutendsten Meistern. Allen voran dem berühmten Salzburger Maler Hans Bocksberger.

Welch guter Nährboden für die Künste Niederbayern in der damaligen Zeit war, zeigt die Tatsache, dass sich hier und im angrenzenden österreichischen Donauraum die eigenständige Stilrichtung der sogenannten Donauschule entwickelte. In der ersten Hälfte des 16. Jahrhunderts beherrschten die Meister der Donauschule den Kunstmarkt im weiten Umkreis. Dabei handelte es sich um keine „Schule" im akademischen Sinn, den Donaustil kreierten vielmehr die Vielzahl der Werkstätten im ganzen Land, die voneinander abhingen und einander stilbildend beeinflussten. Charakteristisch für die Donauschule ist ihre Abwendung vom mittelalterlichen Jenseits hin zum Diesseits, zur Welt. Die Natur wird jetzt zum eigenständigen Akteur in der Kunst, die Maler betten ihre Motive oft in dramatische Landschaften ein. Eines der Musterbeispiele dafür ist die berühmte Alexanderschlacht des Regensburger Malers Albrecht Altdorfer, der als einer der Hauptmeister der Donauschule gilt. Überhaupt die Landschaft: Dem Passauer Hofmaler Wolf Huber gelingen in dieser Zeit die ersten reinen Landschaftszeichnungen der mitteleuropäischen Kunstgeschichte. Gleichzeitig arbeiten in Landshut der Kupferstecher Mair von Landshut und der Holzschneider Georg Lemberger, in dessen Bildern expressive Landschaften ebenfalls zu den Hauptthemen gehören. Expressivität ist überhaupt ein Hauptcharakteristikum der Donauschule. Bei keinem Künstler tritt sie so augenfällig zu Tage wie bei dem Landshuter Bildschnitzer Hans Leinberger. In den Skulpturen des an der Ingolstädter Universität gebildeten Meisters wird die eigenartige Zwitterstellung des Donaustils besonders deutlich, der gotischen Manierismus mit den Techniken der Renaissance verbindet, gleichzeitig aber schon viele Jahrzehnte voraus in den Barock weist.

Die aufgeklärte Sicht auf die Welt „wie sie wirklich ist", findet ihren Widerhall auch im Denken und den Wissenschaften dieser Zeit. Der Landshuter herzogliche Rat Dr. Martin Mayr gilt als einer der Vorreiter des niederbayerischen Humanismus, der seinen absoluten Höhepunkt mit Johann Thurmair aus Abensberg erreicht. Thurmair, der sich nach seiner Heimatstadt Aventinus nannte, studierte an der Ingolstädter Universität und machte sich auf eine jahrelange Recherchereise durch die bayerischen Archive. Seine umfangreichen wissenschaftlichen Arbeiten kulminieren in seiner „Bayerischen Chronik", der ersten quellengestützten Bayerischen Geschichte. Viele der Archivalien die Aventinus, den man respektvoll den „Vater der bayerischen Geschichtsschreibung" nennt, noch benützen konnte, sind mittlerweile zugrunde gegangen. Diese Tatsache macht Aventins Werke heute selbst zu einer der wichtigsten Quellen der bayerischen Geschichte.

Aventin war auch der Erzieher der Herzogssöhne Ludwig und Ernst. Während Ludwig als Ludwig X. zum Landshuter Renaissanceherzog wurde, erhielt Ernst das Fürstentum Passau

Der „Vater der bayerischen Geschichtsschreibung" Johannes Thurmair, genannt Aventinus (1477–1534). Trotz seiner guten Beziehungen zum Herzogshof wurde Aventinus wegen seiner Nähe zur Reformation in seiner Heimatstadt eingekerkert. Durch den herzoglichen Rat Leonhard Eck befreit, emigrierte er in die sichere Reichsstadt Regensburg, wo er 1534 verstarb.

als weltlicher Administrator der Diözese. An seinem Hof und dem Hof seines Nachfolgers Fürstbischof Wolfgang Graf zu Salm wirkten neben dem schon erwähnten Hofmaler Wolf Huber die Musiker Paul Hofhaimer, Ludwig Senfl und Leonhard Paminger. Paminger war Protestant und ein persönlicher Freund Martin Luthers. Trotzdem konnte er als Lehrer im Augustiner-Chorherrenstift Sankt Nikola zu Passau wirken, das Teil des Herzogtums Bayern war. Zeitweise arbeitete er auch am bischöflichen Hof. Paminger war Autor zahlreicher herausragender musikwissenschaftlicher Werke und Kompositionen.

Einer der herausragendsten Humanisten war Jakob Ziegler aus Landau/Isar. Der Universalgelehrte genoss zu seiner Zeit

Der Humanist Jakob Ziegler aus Landau (um 1470–1549). Gemälde von Wolf Huber, 1544–49, im Kunsthistorischen Museum Wien. Ziegler betätigte sich unter anderem als Geograf. Sein Hauptwerk mit ausführlichem Kartenmaterial über die Länder des Nahen Ostens erschien 1532 in Straßburg.

weltweite Reputation. Obwohl er ein scharfer Gegner des Papsttums war und engen Kontakt zu den Reformatoren Zwingli und Melanchthon pflegte, konnte er die letzten Jahre seines Lebens am Hof des Passauer Fürstbischofs verbringen. Er verfasste umfangreiche Werke zu den verschiedensten Wissensgebieten, wie der Theologie, der Geographie, der Mathematik und Astronomie, der Sprachwissenschaften, Geschichte und Politik.

Wie alle anderen Wissenschaften und Künste blühte in der niederbayerischen Renaissance auch die Literatur. Zu ihren wichtigsten Vertretern in der ersten Hälfte des 16. Jahrhunderts gehören die beiden „Klosterhumanisten" Abt Angelus Rumpler aus Vornbach am Inn und sein Freund Abt Wolfgang Mayer aus Aldersbach. Beide schrieben sich Gedicht-Briefe in klassisch-lateinischem Versmaß, verfassten Sermones und Carmina in Distichen und anderen antiken Metren. Ihre Hauptwerke sind jeweils eine Darstellung des Landshuter Erbfolgekrieges. Rumpler schildert diesen vernichtenden Krieg ganz in der Tradition des großen römischen Geschichtsschreibers Sallust. Aufgrund des sechsbändigen Werkes mit dem Titel „Die Ereignisse in Bayern" gilt er als der sprachgewaltigste Dichter seiner Zeit.

Der Abenteurer Ulrich Schmidl

Ein ganz anderes, aber nicht weniger wichtiges Stück niederbayerischer Literatur stellen die Reisebeschreibungen des Straubingers Ulrich Schmidl dar. Der 1510 geborene Patriziersohn zog mit 24 Jahren als Landsknecht, Abenteurer und Schatzsucher mit einer spanischen Konquistadoren-Expedition von Antwerpen aus in die erst 1492 entdeckte Neue Welt. Im späteren Argentinien ließ sich die Expedition in einer ersten befestigten Siedlung aus Lehm- und Schilfhütten nieder. Schmidl schreibt: „In diesen orth haben wir eine Stadt gebawet welche man genennet Buenas Aeres, das ist zu Teutsch Guter Lufft." Schmidl war also an der Gründung der späteren argentinischen Hauptstadt beteiligt. Von dort aus führte eine zweite Expedition in das heutige Paraguay, wo die Konquistadoren 1539 wieder eine befestigte Stadt gründeten: Asunción. Erst 1554 kehrte Schmidl nach Straubing zurück, um dort die Erbschaft seines wohlhabenden Bruders anzutreten. In den folgenden Jahren arbeitete er seine Notizen zu einer umfangreichen Reisebeschreibung aus, die ihm den späteren Titel als erster Geschichtsschreiber Südamerikas einbrachte und heute von unschätzbarem kulturhistorischem Wert ist. Schmidl wurde Straubinger Ratsherr, musste aber, weil er sich dem lutherischen Bekenntnis zuwandte, seine Vaterstadt verlassen und ließ sich 1562 in der protestantischen Reichsstadt Regensburg nieder, wo er 1579 starb. Sein Haus am dortigen Neupfarrplatz trägt heute noch seine Wappentafel mit der Inschrift: „1563 Ulrich Schmidl aus Straubing".

111

Grundlage für die öffentliche Wirkung der zahlreichen Künstler und Literaten ist der Buchdruck. Der Landshuter Seidensticker und Verleger Hans Wurm druckt – vermutlich nach Vorlagen des Mair von Landshut – etwa im Jahr 1500 das sogenannte „Landshuter Ringerbuch", das älteste Druckwerk Niederbayerns. Der Priester und Buchdrucker Johann Weyssenburger ist 1513 in Landshut, 1533 in Passau nachgewiesen. Weyssenburger wird zum Drucker und Verleger der Werke des Astronomen und Geographen Peter Apian. Der spätere Professor an der Ingolstädter Universität lebt und arbeitet in den 20er-Jahren in Landshut und ist mit einer Landshuterin verheiratet.

Auf der Burg Trausnitz sind die Reste des mit Sicherheit größten Werks Apians zu bewundern, einer riesigen astronomischen Sonnenuhr auf der Südseite des Fürstenbaus. Die Gelehrtheit des kaiserlichen Hofastronomen ist die denkbar beste Voraussetzung für die wissenschaftliche Entwicklung seines Sohnes Philipp. Philipp Apian studierte bereits mit elf Jahren an der Ingolstädter Universität und wurde dort schon mit 21 Jahren Nachfolger seines Vaters als Mathematikprofessor. Mit 23 Jahren, im Jahr 1554, erhielt er von Herzog Albrecht V. den Auftrag, eine große Karte Bayerns anzufertigen. Begleitet von einem Zeichner und einem Rossknecht bereiste er das ganze Land, skizzierte und notierte. Apians gedruckte „Bayerische Landtafeln" waren noch für Napoleon die Grundlage seiner Feldzüge durch Bayern und sind heute ein kulturhistorisches Dokument ersten Ranges. Zahlreiche Städte, Märkte und Dörfer Niederbayerns sind in Apians Werk erstmals in Bild und Text festgehalten.

Selbstverständlich entwickelte sich auch das Handwerk in einem solchen Umfeld prächtig. Neben zahlreichen äußerst qualitätvollen Goldschmieden, die damals den berühmten Augsburger Goldschmieden Konkurrenz machten, gab es in Niederbayern auch eine Reihe von technisch hoch entwickelten Spezialhandwerkern. So gehörten die Landshuter Plattner im 16. Jahrhundert zu den weltweit führenden Harnischmachern. Mathes Deutsch sowie Wolfgang und Franz Großschedel arbeiteten für alle bedeutenden Herren der damaligen Zeit. Ihre prunkvollen Harnische stehen heute als Prachtstücke in den großen Museen von New York, Madrid, Wien, London oder St. Petersburg.

Jakob Sandtners Stadtmodelle

Die für die Renaissance typische „Arbeit nach der Natur" findet einen einmaligen Ausdruck in den Stadtmodellen des Straubinger Drechslermeisters Jakob Sandtner. Er fertigte aus eigenem Antrieb 1568 ein exaktes Stadtmodell von Straubing, das Herzog Albrecht V. für seine berühmte Kunstkammer ankaufen ließ. Gleichzeitig nahm der Herzog Sandtner in seine Dienste und erteilte den Auftrag für weitere Modelle anderer bayerischer Städte. 1570 folgten München und Landshut, 1572 ein großes und ein kleines Modell von Ingolstadt, 1574 baute Sandtner ein Modell von Burghausen. Der Arbeit an den äußerst detailgetreuen Lindenholzmodellen gingen, ähnlich wie für Apians Landtafeln, umfangreiche Vermessungsarbeiten voraus. Sandtners Werke gelten als die ältesten bekannten Stadtmodelle der Welt und zählen heute zu den größten Kostbarkeiten des Bayerischen Nationalmuseums. Die Städte Straubing und Landshut besitzen exakte Kopien ihrer Sandtner-Modelle, die bis heute die Grundlage zur Erforschung der baulichen Entwicklung dieser Städte bilden.

Ebenso hoch geschätzt wie die Landshuter Plattner waren zu gleicher Zeit die Passauer Klingenschmiede. Sie arbeiteten in der Innstadt und produzierten die damals berühmten Wolfsklingen, die ihren Namen von dem als Beschauzeichen eingeätzten Passauer Wappen hatten. Dem Passauer Stahl wurde damals nachgesagt, er sei sogar elastischer als der berühmte Stahl aus Damaskus, der „Damaszenerstahl". Auch die Passauer Schmiede arbeiteten für die allerhöchste Gesellschaft. Sie fertigten das Krönungsschwert König Albrechts II. und das Prunkschwert Kurfürst Friedrichs des Streitbaren von Sachsen.

Reformation

Niederbayern in der ersten Hälfte des 16. Jahrhunderts war ein ausgesprochen wohlhabendes Land ohne große soziale

Spannungen. Auch die niederbayerischen Bauern sahen kaum Anlass, es 1525 ihren aufständischen protestantischen Standesgenossen in anderen Teilen Deutschlands gleichzutun. Trotzdem schlossen sich natürlich auch hier eine Reihe von Menschen Luthers Lehren an und setzten sich damit in Gegensatz zu den bayerischen Herzögen, die von Anfang an zu den strengsten Verfechtern des katholischen Bekenntnisses gehörten. Vor allem Bürger in den Städten, aber auch Intellektuelle, Kleriker und Mönche in Klöstern, wandten sich der lutherischen Lehre zu. In Landshut wurden Luthers Schriften nachgedruckt. Hier, in Passau, in Straubing, Deggendorf und anderswo, gab es immer wieder Fälle, in denen Bürger gezwungen wurden, Luthers Lehren abzuschwören. Andernfalls mussten sie die Städte verlassen.

Georg Rörer

Seit 1522 gehörte Georg Rörer zu den engsten Vertrauten und Mitarbeitern Martin Luthers in Wittenberg. Rörer, der 1492 in Deggendorf geboren worden war, entwickelte eine eigene Kurzschrift, mit der er die Predigten und Vorlesungen des Reformators aufzeichnete. Um das Lesen zu erleichtern, soll er auch die heute noch gebräuchliche Großschreibung von Hauptwörtern erfunden haben. Erst mit Hilfe von Rörers Notizen konnte ein Großteil der Luther-Werke später gedruckt werden. Luther ordinierte den Niederbayern 1525 zum ersten evangelischen Pfarrer der Kirchengeschichte. 1557 starb Rörer mit 64 Jahren in Jena.

Aber anders als sein oberbayerischer Bruder, führte Ludwig X. in Niederbayern ein milderes Regiment gegenüber den Protestanten. Trotzdem kamen zu dieser Zeit zahlreiche prominente Intellektuelle und Künstler aus Glaubensgründen in Konflikt mit der Obrigkeit. Zu ihnen gehörten Johannes Aventinus genauso wie Jakob Ziegler, Philipp Apian oder Leonhard Paminger. Besonders bedroht fühlten sich die Herzöge durch die sozialrevolutionäre Wiedertäuferbewegung, die nach 1525 gerade bei den niederen Ständen in den Städten des Unterlands heimisch wurde. In Landshut waren ein gewisser Augustin Würzelburger und seine Schüler Hans Sedlmayr und Hans

Frank als Wiedertäufer aktiv und wurden als Ketzer hingerichtet. Auch in Straubing gab es Hinrichtungen. In Passau bildete sich sogar eine regelrechte Wiedertäufergemeinde, gegen die der Passauer Diözesanadministrator Herzog Ernst mehrfach vorging. Wer nicht rechtzeitig flüchtete, wurde in der Veste Oberhaus gefangen gesetzt und musste widerrufen. Weigerte er sich, wurde er dem Tod überantwortet. Ein vorerst letztes Mal traten im Jahr 1535 böhmische Wiedertäufer in der Passauer Gegend auf. Sie wurden festgenommen und zusammen mit anderen Wiedertäufern aus ganz Bayern für ihr restliches Leben im Oberhaus eingesperrt. In der jahrelangen Gefangenschaft begannen sie zu dichten. Eine stattliche Zahl dieser Gedichte und Lieder wurden später von etablierten Wiedertäufern vervielfältigt und gehören teilweise heute noch zu den großen Hymnen in mennonitischen Gemeinden.

Überhaupt gab es gerade in und um Niederbayern eine kleine Blüte des Protestantismus. 1542 hatten die Enkel Georgs des Reichen in ihrem jungpfälzischen Fürstentum die Reformation eingeführt, um sich damit von ihren altbayerischen Vettern abzusetzen. Ähnliche politische Gründe hatten vermutlich die Reichsstadt Regensburg, die ebenfalls 1542 offiziell zum lutherischen Glauben übertrat, und die Reichsgrafen von Ortenburg, die gleichfalls die Reformation einführten. Von Ortenburg aus entwickelte die Reformation zeitweise eine enorme Strahlkraft im östlichen Niederbayern. Die reichsunmittelbare Grafschaft entwickelte sich zu einem dauernden Stachel im Fleisch des katholischen bayerischen Herzogtums. Das Gebiet der früheren Grafschaft ist noch heute eine evangelische Enklave im katholischen Niederbayern. Ein einstweiliges Ende fanden die Auseinandersetzungen um die Reformation im Passauer Vertrag von 1552. Der Vertrag schließlich regelte vorläufig die freie Religionsausübung, wie sie drei Jahre später im berühmten Augsburger Religionsfrieden festgelegt wurde.

In der zweiten Hälfte des 16. Jahrhunderts, unter den Herzögen Albrecht V. (1550–1579) und Wilhelm V. (1579–1597; † 1626), wuchs das ehedem selbstständige Niederbayern immer mehr mit dem neuen bayerischen Gesamtstaat zusammen. Beide Herzöge verbrachten ihre Thronfolgerjahre auf der alten

Stammburg der Wittelsbacher, der Trausnitz über Landshut. Besonders die elf Jahre ab 1568, die der junge Wilhelm V. mit seiner Gemahlin Renata von Lothringen hier verlebte, sind bemerkenswert. Die Pracht, die dieser letzte große Hof in Landshut entfaltete, kannte in Deutschland kaum ihresgleichen. Wilhelm ließ die mittelalterliche Burg in ein prächtiges Schloss der Spätrenaissance umgestalten. Federführender Künstler war der Vasari-Schüler Friedrich Sustris, der wiederum eine Reihe von italienischen Kollegen, wie Alessandro Scalzi, genannt Padovano, oder Antonio Ponzano, beschäftigte. Viele der geschaffenen Räume sind im Jahr 1961 beim großen Brand der Trausnitz ein Raub der Flammen geworden. Erhalten hat sich aber die berühmte Narrentreppe im sogenannten italienischen Anbau. Die über vier Stockwerke reichende Stiege ist mit einzigartigen Fresken der italienischen Stegreifkomödie, der Commedia dell' arte, geschmückt, die auf Wilhelms Hof in großem Stil geübt wurde.

Für die Musik am Hof waren die Hofkapellmeister Ivo de Vento und Orlando di Lasso zuständig. Für tägliche Kurzweil sorgte eine wahre Heerschar von Narren, Zwergen und Mohren, die Wilhelm nach Landshut „importierte". Dazu kam ein großer Tiergarten rund um die Burg mit Löwen, Tigern, Krokodilen und zahlreichen anderen exotischen Tieren. Die aufwendige Hofhaltung allerdings verschlang Unsummen an Geld und führte im Jahr 1575 zu einem ersten großen finanziellen Kollaps. Mit Wilhelms Regierungsantritt in München 1579 ging die Zeit der Trausnitz als dauernder Fürstensitz schließlich zu Ende.

In seiner Geldnot überließ Wilhelm die alte Burg wenig später dem Scharlatan Marco Antonio Bragadino. Der gebürtige Zypriote hatte in den 80er-Jahren mit seinen alchimistischen Kunststücken halb Europa zum Narren gehalten. 1590 zog er mit 36-köpfigem Gefolge als Goldmacher in Landshut ein. Seine anschließenden, selbstverständlich erfolglosen Versuche, künstliches Gold herzustellen, verschlangen beträchtliche Summen des realen Goldes der Staatskasse. Schließlich wollte man in München nicht länger zusehen. Ohne Wilhelms Wissen wurde Bragadino verhaftet. Er gestand den Schwindel, wurde

Kornschnitt vor dem Markt Ortenburg. Aquarell des Grafen Friedrich Casimir von Ortenburg, um 1625. Am linken Bildrand hat sich der malende reichsunmittelbare Graf selbst abgebildet.

zum Tod verurteilt und vom Landshuter Scharfrichter enthauptet. Seine beiden schwarzen Doggen, die man für die teuflischen Helfer des Betrügers hielt, hat man neben dem Schafott erschossen.

Krieg um den rechten Glauben

Ende des 16. und Anfang des 17. Jahrhunderts wandelten sich die wirtschaftlichen Gegebenheiten in Niederbayern. Landshut verlor den Hof, Künstler und Kunsthandwerker konnten sich kaum mehr herzogliche Aufträge erwarten. In Straubing war die Reformation unzufriedener Bürger gebrochen, wichtige Patrizier wie Ulrich Schmidl verließen die Stadt. Und Passau schließlich verlor sein Salzmonopol.

Salzhandel

Seit Jahrhunderten mussten in Passau an Donau, Inn und Ilz die Salzfuhren aus den Salzburger Bergwerken vor ihrem Weitertransport nach Norden „niedergelegt", also verzollt und versteuert werden. Sowohl Österreich als auch Bayern versuchten nun dieses Passauer Salzmonopol zu umgehen. Schließlich gelang es dem bayerischen Herzog 1594, den gesamten Salzhandel an sich zu bringen. Es folgten mit dem sogenannten „Salzkrieg" Jahre der Auseinandersetzung. Ab 1611 wurde der Salzhandel endgültig und komplett bayerisch. Passau war künftig von allen bedeutenden Fernhandelswegen abgeschnitten, die Stadt versank in wirtschaftlicher Bedeutungslosigkeit.

Die Handelsströme verlagerten sich vom alten Nord-Süd- und Ost-West-Handel hin zu den neuen transatlantischen Verbindungen, von denen die Staaten Westeuropas weit überdurchschnittlich profitierten. Die neuen konfessionellen Grenzen, die sich in Mitteleuropa auftaten, behinderten nun zum Beispiel die alten wirtschaftlichen Beziehungen Passaus in die Oberpfalz und nach Böhmen, etwa über den Goldenen Steig. Damit die niederbayerischen Städte weiterhin lebensfähig blieben, musste für Ausgleich gesorgt werden. Ganz bewusst setzte deshalb das bayerische Herzogshaus als exponierter Vertreter des römischen Glaubens auf repräsentative Pracht für Kirchen und religiöse Einrichtungen. Das schuf Arbeitsplätze und Umsatz im Unterland und sicherte die katholische Anhängerschaft. Die Herzöge investierten beträchtliche Summen in die Erneuerung des Katholizismus. Jetzt blühten die Kirchen und Klöster.

Den Auftakt bildete das Kollegiatstift St. Kastulus, das 1604 aus Moosburg isarabwärts nach Landshut verlagert wurde. Wenige Jahre später gründete der Predigerorden der Kapuziner hier eine Niederlassung, außerdem in Straubing, in Deggendorf, Vilshofen, Vilsbiburg und in den damals noch zum Unterland zählenden Städten Erding, Braunau und Schärding. Dann wurden die Franziskanerklöster in Dingolfing, Eggenfelden, Straubing-Altstadt und -Azlburg an Reformzweige dieses Ordens übergeben. Schließlich bildeten auch die Jesuiten große Konvente. Die Gesellschaft Jesu des heiligen Ignatius von

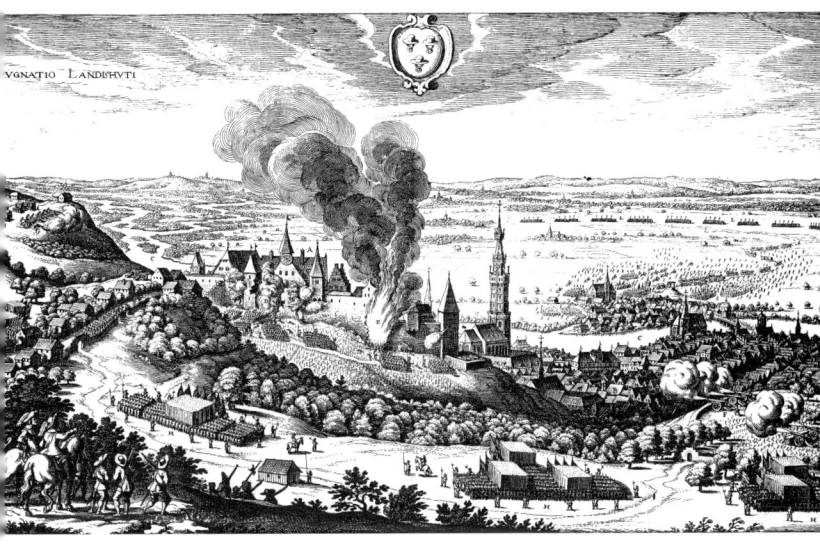

Die Eroberung Landshuts durch die Schweden am 22. Juli 1634. In der Bildmitte sind die schwedischen Truppen zu sehen, wie sie gerade die große Bresche in die Mauer der Burg Trausnitz sprengen, die entscheidend für die Eroberung war. Die Stelle, von der aus die Schweden die Burg angriffen, heißt heute noch die „Schwedenschanze". Kupferstich von Matthäus Merian, 1639.

Loyola als Inbegriff der Gegenreformation war noch zu Ignatius' Lebzeiten, 1549, ins Land gekommen. 1612 wurden sie vom Verwalter des Hochstifts, Erzherzog Leopold, nach Passau geholt, 1629, schon mitten im Dreißigjährigen Krieg, gründeten sie Landshut und 1631 Straubing. Bereits 1589 hatten sie von ihrer Zentrale in Ingolstadt aus das verlassene Benediktinerkloster Biburg bei Abensberg in Besitz genommen. Zuletzt kamen die Schulschwestern der Ursulinen nach Landshut und Straubing.

In diesen Jahren war Niederbayern endgültig zu einem Hort des katholischen Glaubens geworden, der Protestantismus spielte im Unterland keine Rolle mehr. Dennoch stand die große Auseinandersetzung zwischen Katholiken und Protestanten noch aus: der Dreißigjährige Krieg. Er brachte Niederbayern vermutlich die größten Verwüstungen, die es im Lauf seiner langen Geschichte erlebt hat. Freilich waren der bayerische Herzog und sein Feldherr Tilly zu Anfang noch durchwegs siegreich. Aber im Frühjahr 1632 kamen mit den Schweden die Schrecken des Krieges nach Bayern. König Gustav Adolf verheerte mit seinen Söldnern das Land, um die Grundlage des bayerischen Reichtums zu zerstören. Am 8. Mai besetzten die Schweden erstmals Landshut.

Nach Gustav Adolfs Tod brachen die Schweden im Frühjahr 1633 noch schlimmer in Bayern ein. Den ganzen Sommer über verwüsteten sie das Land. Im Herbst nahmen sie Regensburg und Straubing ein, griffen von dort aus immer wieder in den Bayerischen Wald aus. Im folgenden April 1634 eroberten kaiserliche Truppen die Stadt zurück. Aber sie brachten die Pest mit. Dafür zogen die Schweden wieder gegen Landshut, plünderten die Stadt dreizehn Tage lang. Erst im Spätsommer gelang es, die Schweden bei Nördlingen zu schlagen und für die nächsten Jahre entscheidend zu schwächen. Nach Wallensteins Tod war der Passauer Fürstbischof Erzherzog Leopold Wilhelm kaiserlicher Generalissimus geworden. Zwischenzeitlich hatte Frankreich in den Krieg eingegriffen. 1648, im letzten Jahr des Kriegs, zogen deswegen Franzosen und Schweden gemeinsam durch Niederbayern, verheerten das Unterland bis zum Inn. Landshut wurde zum dritten Mal besetzt und gebrandschatzt. Wieder dezimierte die Pest die Bevölkerung. Als es am 24. Oktober 1648 endlich zum Frieden kam, hatte das Land rund die Hälfte seiner Bevölkerung eingebüßt. Der Handel über das Böhmerwaldgebirge war zum Erliegen gekommen, der alte Reichtum war auf Jahrhunderte dahin. Um die Mitte des 17. Jahrhunderts war das ehedem stolze und selbstbewusste Unterland zur politisch unbedeutenden Provinz geworden.

Zwischen Leben und Tod: der Triumph des Barock

Wie kaum eine andere Kunstrichtung vor oder nachher haben der Barock und das nachfolgende Rokoko das Unterland geformt und geprägt. Städte, Märkte, Schlösser, Kirchen und Klöster hatten nach den Verwüstungen des Krieges einen ungeheueren Baubedarf. Aus den italienischen Alpentälern und aus Graubünden kamen zahlreiche Baumeister und Bauhandwerker, die mit fortgeschrittenen Techniken auf den niederbayerischen Baustellen arbeiteten.

Von 1621 bis 1630 wurde Oberalteich als eine der allerersten bayerischen Klosterkirchen in einem Mischstil aus Spätrenaissance und Frühbarock erneuert. Nach kriegsbedingten Bauunterbrechungen in den 30er- und 40er-Jahren riss man schließlich auch die bisherigen Klostergebäude ab und errichtete sie in barockem Stil neu. Bereits 1620 hatte man in Passau mit dem Bau der Maria-Hilf-Kirche begonnen und damit die große barocke Erneuerung der Stadt eingeläutet. Die Dreiflüssestadt war zwar im Dreißigjährigen Krieg weitgehend von Feindeinwirkung verschont geblieben, dafür räumten zwei große Brandkatastrophen 1662 und 1680 nahezu den gesamten mittelalterlichen Baubestand ab. Den Bränden fiel ein Großteil der privaten und öffentlichen Bauten der Stadt zum Opfer. Auch der gotische Dom brannte komplett aus, sein Gewölbe stürzte ein. Durch den Wiederaufbau wurde Passau zu einer klassischen Barockstadt.

Der Passauer Dom

Mit dem Neubau des Passauer Doms war schon nach dem ersten Brand 1668 begonnen worden. Die italienischen Baumeister Carlo Lurago und Carlo Antonio Carlone verwendeten vom gotischen Vorgängerbau lediglich den Chor. Bis zum Ende des Jahrhunderts entstand allmählich die größte Barockkirche nördlich der Alpen. An der Innenausstattung des Doms wurde bis weit ins 20. Jahrhundert hinein gearbeitet. Zu den bedeutendsten Barockkünstlern zählen der Stukkateur Giovanni Battista Carlone und die Freskanten Carpoforo Tencalla, Matthias Rauchmiller und Carlo Antonio Bussi. Für die Innenausstattung zeichneten so berühmte Künstler

Kloster Oberalteich aus der Vogelschau. Kupferstich von Matthäus Merian, ▷
1644.

A *Closter Obern Alt Ayrch*. B. *pogen Marckt*. C *pogenberg* MARIANI.

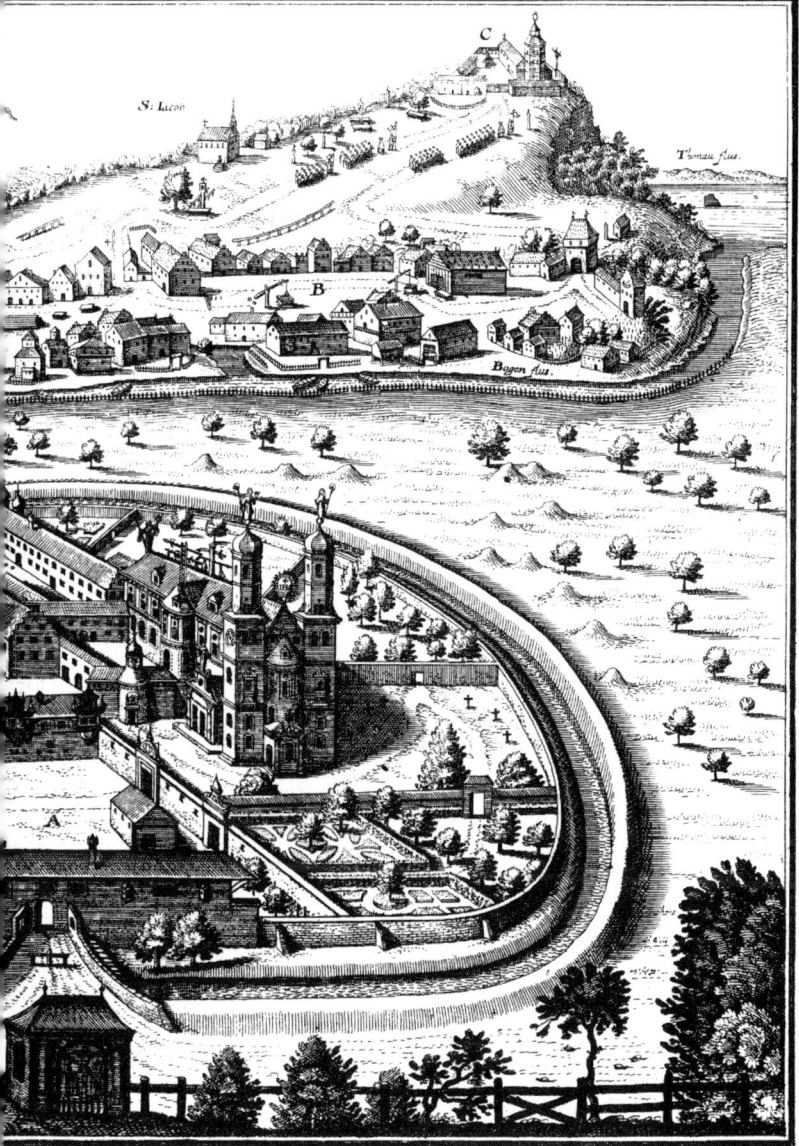

S: Iacob

Thonau flus.

B

Bogen flus.

A

wie Michael Rottmayr aus Salzburg, der berühmte Münchner Hofmaler Andreas Wolff oder der Niederländer Frans de Neve verantwortlich. Bereits 1688 wurde die Domorgel eingeweiht, nach einer
ersten großen spätgotischen Orgel der Ausgangspunkt für die
berühmte Passauer Orgeltradition. In allen folgenden Jahrhunderten wurde an dieser Orgel weitergebaut, bis sie schließlich in den
20er Jahren des 20. Jahrhunderts zur größten Domorgel der Welt
wurde. Erster Domorganist in der Barockzeit war der Savoyarde
Georg Muffat, ein Schüler des Pariser Meisters Jean Baptiste Lully.

Während das schwer gebrandschatzte, von Pest und Hungers-
nöten heimgesuchte Landshut einen schlimmen Niedergang
erlebte, setzte sich die höfische Tradition in Passau trotz der
großen Stadtbrände nahezu ungehindert fort. Die Habsburger
Kaiser machten Anstalten, ihre Lehensherrschaft über das
Hochstift zu festigen und das auch nach außen zu dokumentieren. 1676 fand in der Stadt die prunkvolle Hochzeit Kaiser
Leopolds mit Eleonore von Pfalz-Neuburg statt. Sieben Jahre
später, als die Türken vor Wien standen, zog sich der Kaiser mit
seinem Hof ins sichere Passau zurück. Die Stadt wurde in dieser Zeit zu einem der politischen Dreh- und Angelpunkte des
christlichen Abendlandes. Damit wurde auch die Passauer
Maria-Hilf-Kirche, in der der Kaiser nahezu täglich um den
Sieg betete, zur weit überregional bekannten Wallfahrtskirche.
Kupferstiche des Gnadenbilds fanden Abnehmer im ganzen
süddeutschen Raum. Unter Fürstbischof Philipp Graf von Lamberg (1689–1712) versuchte man schließlich, die Stadt und das
Hochstift wirtschaftlich auf neue Beine zu stellen. Es gab neue
Anstrengungen zur Kolonisation des Abteilands im Bayerischen
Wald. Die ersten Glashütten wurden gegründet. Zu Anfang der
90er-Jahre des 17. Jahrhunderts stellte der Fürstbischof mit
einer Reihe von Verträgen das gute Einvernehmen mit dem
bayerischen Kurfürstentum wieder her. Damals wurden auch
die Grenzen des Abteilandes zwischen Passau und Bayern endgültig festgelegt. Noch heute dokumentieren historische Grenz-
steine bei Ringelai und Grafenau diesen Vorgang.

Nur allmählich begann sich das Unterland von den Folgen
des großen Krieges zu erholen. Überall wurden beschädigte

Gebäude repariert, um- und neugebaut. In den Städten und auf dem Land arbeiteten Künstler wie der Architekt Giovanni Antonio Viscardi oder der Freskenmaler Hans Georg Asam. Der Münchner Hofkupferstecher Michael Wening ging 1696 an sein Hauptwerk, die vierbändige „Historico-topographica descriptio Bavariae". Darin sind viele niederbayerischen Dörfer, Schlösser und Klöster erstmals abgebildet.

Nur gut 50 Jahre dauerte die Friedenszeit – zu kurz für eine große kulturelle Blüte. Gleich zu Anfang des 18. Jahrhunderts wütete der Spanische Erbfolgekrieg durch Bayern. Der spanische König war 1700 kinderlos gestorben. Der Enkel des französischen Königs sollte sein Nachfolger werden. Der bayerische Kurfürst Max Emanuel hatte sich mit Frankreich verbündet, das ihm die Erbliche Statthalterschaft in den Niederlanden versprochen hatte. Österreich und England wollten aber den Machtzuwachs für Frankreich und Bayern mit Waffengewalt verhindern. Die Heere beider Staaten marschierten nach Bayern. Passau wollte zwischen Österreich und Bayern neutral bleiben, bereits 1701 hatten habsburgische Soldaten die Veste Oberhaus besetzt. Gleich zu Beginn des Kriegs im Jahr 1704 eroberte ein bayerisch-französisches Heer die Stadt und das Hochstift. Aber schon im Herbst war der Krieg für Passau vorüber. Am 13. August 1704 siegten Österreicher und Engländer bei Höchstädt vernichtend über die bayerisch-französischen Truppen. Der Kurfürst musste ins Exil gehen, die Österreicher besetzten das Land. Landshut und Straubing wurden „Kaiserliche Hauptstädte".

Aufstand gegen die Österreicher

Wiederum begann eine schreckliche Zeit für Niederbayern. Der Kaiser in Wien befahl, das Land so auszupressen, dass es, so wörtlich, „inskünftig dem Kurfürsten unnütz sein soll": Allgemeine Kriegssteuern wurden eingetrieben, die Truppen galt es zu verköstigen und zu bezahlen, und es gab überall Zwangsrekrutierungen für die österreichische Armee. Unter dem Wahlspruch „Lieber bayerisch sterben als österreichisch verderben" wurde Niederbayern zum Zentrum von Bauernaufständen gegen die Willkürherrschaft. Unter der Führung des Juristen Sebastian Plinganser kam es bereits 1705 im Rottal zu offenen Revolten. An die 20 000 Aufständische besetzten nach und nach die niederbayerischen Städte an Inn, Isar und unterer Donau. Der „bayerischen Landesdefension", wie sich die patriotische Erhebung nannte, war aber ein schlimmes Los beschieden. Zu Weihnachten 1705 waren einige tausend Bauern des Oberlands nach München gezogen, um die Hauptstadt zu befreien und in Sendling von den Österreichern gnadenlos niedergemacht worden. Zwei Wochen später, am 8. Januar 1706, kam es zwischen 7000 niederbayerischen Bauern und den Österreichern unter General Kriechbaum zur Schlacht bei Aidenbach im Rottal. Während die bestens ausgerüsteten Österreicher kaum nennenswerte Verluste hatten, starben rund 4000 aufständische Niederbayern. Der Reihe nach kapitulierten jetzt Schärding, Cham, Braunau und Burghausen. In Kelheim, wo es dem Metzger Mathias Kraus gelungen war, seine Vaterstadt durch einen Handstreich zu erobern, schossen die Österreicher Breschen in die Stadtmauer und eroberten die Stadt zurück. Kraus wurde als letzter der Aufständischen in seiner Vaterstadt enthauptet.

Rund zehn Jahre lang blieben die Österreicher im Land, Kurfürst Max Emanuel konnte erst 1715 in das ausgeblutete Bayern zurückkehren. In Straubing erinnert heute noch die Dreifaltigkeitssäule auf dem Stadtplatz an die überstandenen Schrecken der Besatzungszeit. Doch das Land sollte in diesem Jahrhundert nicht zur Ruhe kommen. Der Spanische Erbfolgekrieg war nur der erste von vier großen Kriegen, die über die Bevölkerung Niederbayerns hereinbrachen.

Schon Max Emanuel hatte seinen Blick unmittelbar nach der Niederlage im Spanischen Erbfolgekrieg auf ein neues großes Erbe geworfen. Unter seinem Sohn Karl Albrecht (1726–1745) standen dann tatsächlich wiederum diplomatische und schließlich auch kriegerische Auseinandersetzungen ins Haus – diesmal um das Erbe des österreichischen Hauses Habsburg und damit die Kaiserkrone. Der Streit entzündete sich daran, dass Kaiser Karl VI. 1740 ohne männliche Erben starb und die Wittelsbacher die weibliche Erbfolge Maria Theresias nicht anerkennen wollten. Ab dem 31. Juli 1741 sprachen wieder die Waffen und wieder begann der Krieg in Passau. An diesem Tag

Österreichisches Flugblatt von 1706 mit dem Porträt des Kelheimer Aufständischen Mathias Kraus. Die drastische Darstellung der Vierteilungsszene sollte die Bayern vor weiteren Aufständen abschrecken.

besetzten die Bayern die Stadt, anschließend marschierten sie in Oberösterreich ein. Dann aber lavierte Karl Albrecht, ließ sich zunächst in Prag zum böhmischen König, danach zum Kaiser krönen. Als Karl VII. war er der zweite und letzte Wittelsbacher auf dem Kaiserthron.

Währenddessen aber handelten die Österreicher. Zum Jahreswechsel griffen sie am unteren Inn an und marschierten von der Salzach aus auf München zu. Vilshofen war die erste bayerische Stadt, die sie besetzten. Es folgte Schärding und als schließlich München fiel, ergossen sich die Österreicher nach einer Niederlage der Bayern bei Mainburg über das ganze Unterland. Nur die Bürger von Straubing und Landshut verschanzten sich ein letztes Mal erfolgreich hinter ihren Mauern.

Der Widerstand aber hielt nur kurze Zeit, dann marschierten die österreichischen Truppen in die Städte ein.

Trenck der Pandur

Besonders gefürchtet waren in jenen Jahren die Panduren in österreichischen Diensten unter ihrem Obristen Franz Freiherr von der Trenck. Trencks Panduren waren aus den verschiedensten Völkern und Religionsgemeinschaften zusammengewürfelt, aus Kroaten, Ungarn, Slowaken und Rumänen. Zusammen mit den regulären Truppen des österreichischen Generals Bärenklau eroberten die „Kravotten" und „Schlawacken", mit denen es in Bayern „kraw" oder „krawottisch" aufgehen sollte, Passau, anschließend zogen sie isaraufwärts: Plattling, Deggendorf, Landau, Dingolfing. Die Panduren hinterließen verbrannte Erde. Bis an den Lech trieben sie ihr Unwesen, schließlich auch im Bayerischen Wald. Während Waldmünchen sich gegen die Zahlung eines Brandgeldes von 50 Dukaten loskaufen konnte, erwischte es Cham schwer. Einzig die Pfarr- und die Spitalkirche der damals noch niederbayerischen Stadt blieben vom Feuer verschont. Außerdem richteten Trenck und seine Panduren in der Stadt ein Massaker an. Wegen der zahlreichen Untaten seiner Truppen wurde Trenck schließlich von einem österreichischen Kriegsgericht zum Tod verurteilt. Zu lebenslanger Festungshaft begnadigt schrieb er seine Autobiografie und wandte sich der christlichen Religion zu. Kurz vor seinem Tod verfügte er in Paragraph sechs seines Testaments die Stiftung eines Armenhauses für dreißig Personen. Wörtlich heißt es dort: „Vor allem aber und vorzüglich sollen darin diese Armen aufgenommen werden, die sich legitimieren können, daß sie in der Stadt Chamb, oder im Isarwinckel, oder an dem Fluß Iser in Bayern von dem letzten Kriege her verunglückt oder verarmt sind. Zu ewiger Unterhaltung dieser meiner Stiftung vermache ich 30 000 fl." Trenck der Pandur starb am 4. Oktober 1749 im 39. Lebensjahr. Seine Stiftung hatte bis zur großen Inflation nach dem ersten Weltkrieg Bestand und wurde schließlich dem Wiener Armenhaus eingegliedert. Bis 1840 hatten sie rund dreißig Personen aus Cham in Anspruch genommen. Aus Deggendorf, Landau oder Dingolfing war niemand dabei.

Mehrmals wogte in diesen Jahren der Krieg über das Land hin und her – verheerend für Dörfer und Städte. Nicht einmal der Tod des Kaisers und bayerischen Kurfürsten im Jahr 1745 beendete die Feindseligkeiten. Karl Albrechts Nachfolger Max III. Joseph machte sich kurze Zeit noch Hoffnungen, seinem Vater auf den Kaiserthron folgen zu können. Erst als die Österreicher wieder durch ganz Niederbayern gegen München zogen, ließ er von seinen Plänen ab und sicherte zu, seine Stimme bei der Kaiserwahl in Frankfurt Maria Theresias Gemahl, Franz von Lothringen, zu geben.

Niederbayerisches Rokoko

Trotz der schlimmen Kriegsnot durch Spanischen und österreichischen Krieg begann in der ersten Hälfte des 18. Jahrhunderts das große Zeitalter des Rokoko in Bayern. Im Unterland sorgten vor allem die Klöster, die von der Kriegsfurie nicht ganz so schlimm getroffen waren, dafür, dass Geld unter die notleidende Bevölkerung kam. Noch während der spanischen Kriegsjahre begannen sie mit dem Neubau von Kirchen und Konventgebäuden. Berühmte Baumeister kamen nach Niederbayern wie die Dientzenhofer, die noch ganz dem Barock verpflichtet waren, oder Johann Michael Fischer, der ab 1724 an den neuen Kirchen und Konventgebäuden in Niederaltaich, Rinchnach, Osterhofen, Fürstenzell und der Grabkirche in Deggendorf mit ihrem hohen, reich gegliederten Turm baute. Johann Baptist Zimmermann, der Bruder des Wies-Kirchen-Erbauers Dominikus Zimmermann, arbeitete gleich an mehreren Landshuter Kirchen und Palais. Die absolute Krone aber setzte dem niederbayerischen Rokoko die Künstlerfamilie Asam auf. Schon der Vater, Hans Georg Asam, hatte hier gearbeitet, jetzt machten die Söhne Egid Quirin und Cosmas Damian Niederbayern mit ihren Arbeiten in Aldersbach, Gotteszell, Osterhofen, Rohr, Straubing oder Weltenburg zum „Asamland".

Neben der Architektur blühte mit Franz Geiger aus Landshut, Anton Merz aus Straubing oder der aus Osterhofen stammenden Malerfamilie Rauscher auch die Malerei. Die Bild-

Das Augustinerchorherrenstift Rohr nach der Beschreibung des Kurfürstentums Bayern von Michael Wening, 1701. Die gotische Kirche der heutigen Benediktinerabtei wurde ab 1717 von Egid Quirin Asam zusammen mit seinem Bruder Cosmas Damian und dem Wessobrunner Baumeister und Stukkateur Joseph Baader zu einem Rokoko-Gesamtkunstwerk umgebaut.

hauerei war ebenso erstklassig vertreten: In Passau mit Josef Deutschmann und Josef Mathias Götz, in Pfarrkirchen mit der Familie Bendl, in Landshut mit Ferdinand Anton Hiernle und der aus Griesbach im Rottal stammenden Bildhauerfamilie Jorhan.

Vor allem der 1727 in Griesbach geborene Christian Jorhan der Ältere brachte es zu nahezu einsamer Größe. Zusammen mit Ignaz Günther war er Schüler von Johann Baptist Straub in München. Während Günther in München blieb und dort als Hofbildhauer berühmt wurde, arbeitete Jorhan außerordentlich produktiv in und für Landshut und im ganzen Unterland. Er war einer der großen Wegbereiter des Umschwungs vom Rokoko zum Klassizismus, musste aber in seinen letzten Lebensmonaten, kurz vor seinem Tod 1804, einige seiner eigenen Werke in säkularisierten Kirchen auf ihren Versteigerungswert schätzen. Vielleicht liegt es an der Säkularisation, dass Jorhan rasch vergessen wurde. Ganz ähnlich erging es dem großen Stuckateur und Bildhauer Mathias Obermayr aus Straubing. Gegen Ende seines Lebens musste er von Almosen leben. Während Obermayr, der Schöpfer der berühmten Windberger Stuckaltäre, bis heute auf eine Neuentdeckung wartet, hat das umfangreiche Werk Christian Jorhans in jüngster Zeit durch

Ausstellungen und Monographien die gebührende Würdigung erfahren.

Emanuel Schikaneder

1751 wurde in Straubing der spätere Schauspieler, Sänger, Regisseur und Dichter Emanuel Schikaneder geboren. Schikaneder, der bereits in jungen Jahren in Salzburg Bekanntschaft mit der Familie Mozart geschlossen hatte, war in Wien unter anderem der Gründer des „Theaters an der Wien". Sein größter künstlerischer Erfolg war das Libretto zu Mozarts Oper „Die Zauberflöte", das er 1791 schrieb. Insgesamt sind 55 Theaterstücke und 44 Libretti von Schikaneder bekannt.

Aber nicht nur aus künstlerischer Sicht war das 18. Jahrhundert eine Zeit der Hochkonjunktur für die Kirchen und Klöster in Niederbayern. Die von den unruhigen Zeiten geplagten Menschen strömten in Scharen zu den Wallfahrten. Nicht nur nach Altötting, sondern genauso auf den Bogenberg, der vom Kloster Oberalteich aus betreut wurde. Neben solch älteren Wallfahrten, wie auch Sammarei, Kößlarn, Mariahilf in Passau oder der Gnad in Deggendorf, blühten eine ganze Reihe neuer Gnadenstätten auf.

Eine besonders eigenartige Institution war bis zur Säkularisation die große Landshuter Fronleichnamsprozession, ein Kirchenfest, das seinesgleichen in ganz Bayern suchte. Mit ihren phantastisch gestalteten Triumphwägen machten die Landshuter Zünfte aus der Prozession einen prunkvollen Festzug. In vierzig verschiedenen Bildern zeigten sie bunte Szenen aus dem Alten und Neuen Testament. Derlei Treiben war der aufgeklärten Obrigkeit bereits sehr früh ein Dorn im Auge. Der Landshuter Magistrat wehrte sich bis 1807 gegen eine Einstellung der aufwendigen Prozession. Danach mussten die teueren Requisiten auf Anordnung der Regierung verkauft werden. Die drei eisernen Ritter, die das Wappen der Stadt symbolisieren, führen aber bis heute die Landshuter Fronleichnamsprozession an.

Nach spanischem und österreichischem Erbfolgekrieg stand 1777/1778 eine dritte Erbauseinandersetzung ins Haus. Diesmal war mit Max III. Joseph die altbayerische Linie der Wittelsbacher ausgestorben. Der designierte Erbe, Karl Theodor von Pfalz-Neuburg-Sulzbach, sah sich mit Kaiser Joseph II. konfrontiert, der Bayern als erledigtes Lehen betrachtete und für die Neubelehnung des Pfälzer Wittelsbachers bayerische Gebiete forderte. In der „Wiener Konvention" verständigten sich beide darüber, dass das ehemalige „Straubinger Ländchen" sowie das Rentamt Burghausen mit dem Innviertel und Teile der Oberpfalz an Österreich fallen sollten. Umgehend ließ der Kaiser seine Truppen in Niederbayern einmarschieren. Plötzlich war von einer Beschränkung auf das frühere Straubinger Land keine Rede mehr. Die kaiserlichen Soldaten besetzten nahezu das gesamte östliche Bayern und zogen bis kurz vor Landshut, wo sie eine „Mauth gegen Oberbayern und Landshut" errichteten.

Dieses Vorgehen rief den Preußenkönig Friedrich II. auf den Plan, der eine solche Vergrößerung Österreichs nicht dulden konnte. Friedrich marschierte mit seiner Armee im Juli in Böhmen ein. Es kam zum sogenannten „Zwetschgenrummel" oder „Kartoffelkrieg", einem Krieg ohne große Kampfhandlungen, dafür mit umso mehr diplomatischen Verwicklungen. Am Ende stand der sogenannte „Friede von Teschen" im Frühjahr 1779. Er hatte für Niederbayern weitreichende Konsequenzen. Das Innviertel, das schon in den Auseinandersetzungen mit den Babenbergern erfolgreich verteidigt worden war, ging an Österreich verloren. Es war der größte Gebietsverlust, den Niederbayern seit dem Mittelalter zu verkraften hatte: Rund 6000 Quadratkilometer mit etwa 80 000 Einwohnern und so wichtigen Städten wie Braunau, Schärding, Ried und Mauerkirchen.

Auch im Westen wurde Niederbayern beschnitten. Da das Innviertel weg war, wurde das Rentamt Landshut aufgelöst und die Gerichte auf die übrigen Rentämter Straubing, Burghausen und München verteilt. Auf diese Weise wurden die Gerichte Moosburg, Erding und Dorfen, die seit jeher zum Unterland gehört hatten, Oberbayern zugeschlagen. Auch Landshut gehörte für kurze Zeit zum Rentamt München, wurde 1784 aber wieder eigenständiger kurfürstlicher Regierungssitz.

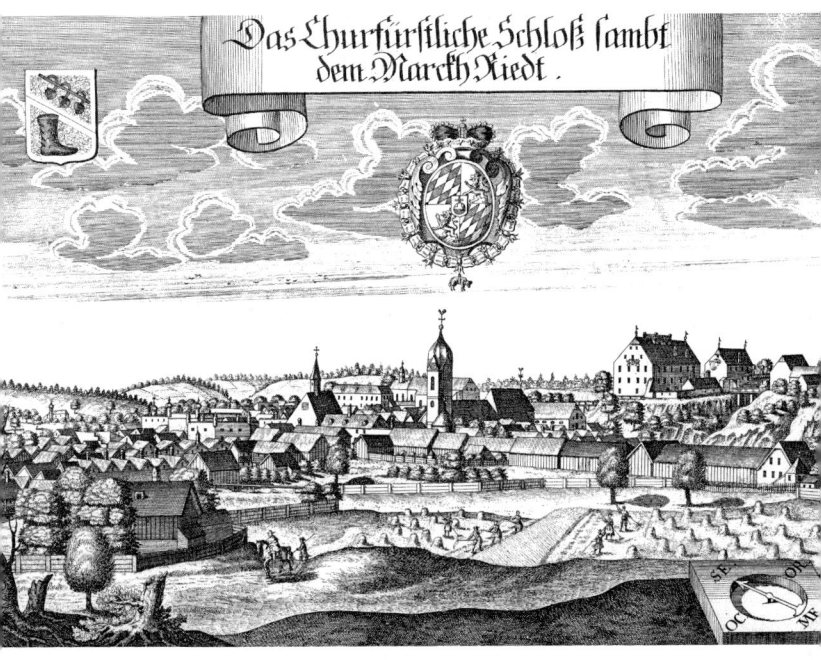

Das Churfürstliche Schloß sambt dem Marckth Riedt.

Ried im Innkreis. Die Stadt ist eine von drei Hauptorten des seit 1779 oberösterreichischen Innviertels. Die jahrhundertelange Zugehörigkeit des Innviertels zu Bayern dokumentieren die Städtepartnerschaften zwischen Ried und Landshut (seit 1974) und Schärding und Grafenau (seit 1976).

Bereits 1780 hatte sich in der ehemaligen niederbayerischen Residenzstadt wieder ein kleiner Hof niedergelassen. Pfalzgraf Wilhelm von der wittelsbachischen Nebenlinie Birkenfeld-Gelnhausen zog in die Landshuter Stadtresidenz ein. Von der niederbayerischen Hauptstadt aus entfaltete er eine rege Diplomatie, mit der er den nächsten Wechsel auf dem kurbayerischen Thron vorbereiten wollte. Zusammen mit Maximilian von Montgelas, dem späteren bayerischen Minister, sorgte er dafür, dass Pfalzgraf Max Joseph nach dem Tod Karl Theodors 1799 das Kurfürstentum ohne Probleme übernehmen konnte. Zum Dank machte Max Joseph wenig später Wilhelm zum „Herzog in Bayern". Aus der Linie dieser wittelsbachischen

Herzöge stammte später auch die Kaiserin Elisabeth („Sissi")
von Österreich. Kurz nach der Regierungsübernahme zog Wilhelm mit seiner Familie nach München. In Landshut erinnern
an diesen letzten Fürstenhof die klassizistisch umgestalteten
Räume der Residenz und mit dem Herzogsgarten rund um das
sogenannte „Herzogsschlössl" einer der ersten englischen Gärten Bayerns. Wilhelm hatte ihn von den Brüdern Friedrich
Ludwig und Matthäus Sckell errichten lassen, die später auch
für den großen Englischen Garten Münchens verantwortlich
zeichneten.

„Weg mit den alten Zöpfen!":
Niederbayern im Königreich

Die Ära Napoleons

Die Wende vom 18. zum 19. Jahrhundert gehört zu den schwerwiegendsten Umbruchszeiten Europas. Das aufgeklärte Denken, das im Humanismus des 15./16. Jahrhunderts begonnen hatte, sich Bahn zu brechen, setzte sich nun auf breiter Front durch. In Frankreich sorgten die neuen Ideen von Freiheit, Gleichheit, Brüderlichkeit 1789 für die große Revolution, in deren Strudel das Alte Reich genauso wie das Alte Bayern zugrunde ging. Vergebens hatten die Fürsten Deutschlands mit Waffengewalt versucht, diese Revolution einzudämmen. Mit Napoleon überschwemmten die Revolutionäre nun das Reich.

Vor den von Westen und Norden vorrückenden Revolutionstruppen floh Kurfürst Karl Theodor 1796 mit dem gesamten Münchner Hofstaat nach Sachsen. Seine Flucht führte über Landshut, wo sich Pfalzgraf Wilhelm mit seinem kleinen Hof anschloss. Wieder einmal, zum vierten Mal in diesem Jahrhundert, besetzten die Österreicher das Land. Sie kamen diesmal zwar als Verbündete, das änderte aber nichts daran, dass die Bevölkerung schwer an den Einquartierungen und den Fouragekosten für die Truppen zu tragen hatte.

Landshut wurde Sitz einer ganzen Reihe von kaiserlichen Armeeeinrichtungen, obendrein brachte man vor den anrückenden Franzosen Kirchensilber und andere Kleinodien aus dem westlichen Bayern in die Stadt. Das führte dazu, dass Napoleons General Moreau nach der Einnahme der Festung Ingolstadt im Juni/Juli 1800 schnurstracks an die Isar marschierte und sich daranmachte, die kurfürstliche Regierungsstadt zu erobern. Zahlreiche Menschen verloren bei den schweren Kämpfen in den Straßen Landshuts ihr Leben. Schließlich blieben die Franzosen siegreich und schlugen mit mehreren tausend Mann in und vor der Stadt ihr Lager auf. Die Bürger mussten hohe Kontributionen zahlen, bevor im November die Österreicher die Stadt zurückeroberten. Erst nach dem Frieden von Luneville kehrte im Februar 1801 wieder Frieden in der Stadt ein.

Der Anmarsch der Franzosen auf die Festung Ingolstadt hatte dem Kurfürsten zum Vorwand gedient, die altehrwürdige bayerische Landesuniversität von dort weg- und nach Landshut zu verlegen. Schon in den Jahren zuvor hatte es immer wieder Versuche der Hohen Schule gegeben, der Stadt an der Donau, die den Aufklärern als „jesuitisches Nest" galt, zu entkommen. In München aber wollten die Kurfürsten die unruhige Studentenschar nicht haben. So zog die Hohe Schule im Mai 1800, 338 Jahre nach ihrer Gründung durch den Landshuter Herzog Ludwig den Reichen, von Ingolstadt nach Landshut. Zweimal dreißig vierspännige Wagen, jeder mit zwei Fuhrknechten versehen, transportierten die „Requisiten und Effekten" der bayerischen Landesuniversität von der Donau an die Isar.

Als die Universität kam, brauchte sie Räume und finanzielle Ausstattung. Das bedeutete für eine Reihe von Landshuter Klöstern die vorgezogene Auflösung zugunsten der Universität, die aus solch ehemaligem Klosterbesitz noch heute über ausgedehnte Wälder bei Landshut verfügt. Zunächst drängten sich die „Akademiker", wie man die Studenten und Professoren nannte, in den Räumen des ehemaligen Jesuitenklosters. Als dann 1802 die Konvente der Dominikaner, der Franziskanerinnen und Franziskaner aufgelöst waren, konnte die Universität wieder ihren Vollbetrieb aufnehmen. Gleichzeitig mit der feierlichen Eröffnung im alten Dominikanerkloster erhielt die Hohe Schule ihren neuen Namen. Nach Herzog Ludwig, dem Gründer in Ingolstadt, und Kurfürst Maximilian, dem Wiederbegründer in Landshut, heißt sie seither „Ludwig-Maximilian-Universität".

Bereits unter Max III. Joseph und Karl Theodor hatte es in Bayern regelmäßige Versuche gegeben, gegen die Klöster vorzugehen und ihren Besitz zu verstaatlichen. Über die Hälfte des Grund und Bodens in Bayern gehörte mittlerweile der „Toten Hand", wie man die geistlichen Besitzer nannte, die immer weiter Immobilienbesitz anhäuften, ohne damit besonders aktiv zu wirtschaften. Im Zentrum der Säkularisationsbemühungen der

136

Das Landshuter Dominikanerkloster, von 1800 bis 1826 Hauptgebäude der bayerischen Landesuniversität, heute Sitz der Regierung von Niederbayern. Gezeichnet und gestochen von Heinrich Adam, um 1820.

neuen Regierung Max IV. Josephs standen von Anfang an die Bettelordensklöster der Dominikaner, Franziskaner und Kapuziner. Einerseits ließ sich gegen die armen Brüder mit ihren beträchtlichen Reichtümern trefflich polemisieren, andererseits handelte es sich dabei samt und sonders um sogenannte landständische Klöster. Anders als die großen Reichsstifte und -klöster unterstanden sie nicht der Reichsgewalt und konnten ohne weiteres aufgelöst werden. Schon in den 1790er-Jahren waren die Überlegungen dazu weit gediehen, ab Anfang 1802 schließlich erfolgte der Zugriff. Ähnlich wie in Landshut wurden die Bettelorden überall in Niederbayern aufgelöst.

Doch mit dem Regensburger Reichsdeputationshauptschluss von 1803 kam auch das Ende der reichsständischen Klöster und Stifte. Zählt man die drei bereits 1777 aufgehobenen Jesuitenklöster nicht mit, verlor Niederbayern in diesen Jahren 55 größere und kleinere Klöster und Stifte. Darunter so altehrwürdige wie die Benediktinerabteien Weltenburg, Niederaltaich und Metten, die Benediktinerinnenabtei Niedernburg oder das Domstift Passau. Nach Jahrhunderten der Selbstständigkeit kehrte das Fürstbistum Passau in den bayerischen Staatsverband zurück. Bereits im Lauf des 18. Jahrhunderts hatte das Hochstift sein weites, bis über Wien hinausreichendes Bistumsland verloren. Die größten Einschnitte hatte dabei 1784 die Kirchenneuordnung Kaiser Josephs II. gemacht. Aus der rund 8000 Einwohner zählenden Residenzstadt war innerhalb kurzer Zeit eine niederbayerische Landstadt geworden – an Bedeutung und Einwohnerzahl in etwa gleichauf mit Straubing und Landshut.

Joseph Fraunhofer

Im säkularisierten Kloster von Benediktbeuren in Oberbayern machte in dieser Zeit der 1787 in Straubing geborene Optiker und Physiker Joseph Fraunhofer seine ersten bahnbrechenden Erfindungen. Der gelernte Glasschleifer wurde in den ersten Jahren des 19. Jahrhunderts zum Pionier des wissenschaftlichen Fernrohrbaus. 1813 entdeckte der Niederbayer die nach ihm benannten Fraunhoferschen Linien im Sonnenspektrum, 1814 erfand er das sogenannte Spektroskop. Noch heute werden kleinere Fernrohre nach der von ihm entwickelten „deutschen Montierung" der Linsen hergestellt. Fraunhofer gehörte zu den ersten, die exakte wissenschaftliche Arbeit mit praktischer Umsetzung in neuen Produkten verbunden haben. 1949 wurde der für seine Verdienste geadelte Joseph von Fraunhofer Namensgeber für die größte Einrichtung für angewandte Forschung in Europa, die „Fraunhofer-Gesellschaft".

Gleichzeitig mit der Säkularisation des Kirchenguts begann auch die Bauernbefreiung. Die geistlichen Hintersassen waren, nachdem es keine Kirchenherren mehr gab, Staatsgrundholden geworden. Diesen Bauern wurde zunächst angeboten, sich aus der Abhängigkeit freizukaufen. Allerdings waren die wirtschaftlichen Verhältnisse auf dem Land nach dem Wegfall der großen geistlichen Arbeitgeber nicht so gut, dass sich das viele Bauern leisten konnten. Davon unberührt blieben die Grundrechte des Adels. Die Situation der Bauern in Niederbayern war aber zu keiner Zeit so schlecht, dass daraus soziale Spannungen erwachsen wären, die Leibeigenschaft hatte nie eine große Rolle gespielt. Trotzdem wurde sie in der Konstitution von 1808 offiziell aufgehoben und außerdem die Gleichheit aller bayerischen

Untertanen vor dem Gesetz festgeschrieben. Gleichheit galt seit dem Toleranzedikt von 1803 auch für Protestanten und Katholiken in Bayern. Das alte katholische Bayern war damit Geschichte geworden. Während infolge der Säkularisation zahlreiche Kirchen in Stadt und Land abgebrochen wurden, entstanden so in allen großen Städten Niederbayerns in der Folge evangelische Bethäuser und Kirchen.

Man hat die Erwerbungen aus Säkularisation und Mediatisierung der geistlichen und weltlichen Fürstentümer einmal das „Tafelsilber für einen neuen König" genannt. Tatsächlich bildeten die historischen Veränderungen in Bayern die Grundlage für das neue Königreich, das 1806 entstand und mit dem aus Kurfürst Max IV. Joseph König Max I. Joseph wurde. Mit der ersten Konstitution dieses Königreiches 1808 kam auch das vorläufige Ende der althergebrachten staatlichen Integrität Niederbayerns. Nach dem Rayonsprinzip Frankreichs wurde das Königreich in 15 Kreise eingeteilt, die, entsprechend dem französischen Vorbild, nach Flüssen benannt wurden. Landshut verlor seine Funktion als niederbayerische Hauptstadt und kam zum Isarkreis mit Verwaltungssitz in München. Das nördliche Niederbayern kam an den Regenkreis, der von Regensburg aus verwaltet wurde, Passau wurde Sitz des Unterdonaukreises. Auch für die zahlreichen Städte und Märkte in Niederbayern bedeutete die bayerische „Revolution von oben" einen heftigen Einschnitt. Schon 1802 und 1804 waren die oft jahrhundertealten Sonderrechte aufgehoben worden. Mit dem sogenannten „Organischen Edikt" von 1808 wurden alle Kommunen auf eine neue rechtliche Grundlage gestellt und einer strengen Staatsaufsicht unterworfen, die erst durch das Gemeindeedikt von 1818 durch eine weitergehende Selbstverwaltung ersetzt wurde. Gleichzeitig bildete man auf dem Land politische Gemeinden, die es bisher nicht gegeben hatte. In die gleiche Zeit fällt auch die Gründung der Landräte als Vorläufer der bayerischen Bezirke, die sich als bayerische Besonderheit bis heute erhalten haben. Sie wirkten zunächst ausschließlich als Beratungs- und Kontrollorgane zu den Kreisregierungen. Ab der Mitte des Jahrhunderts übernahmen sie dazu Aufgaben der regionalen Daseinsvorsorge.

Seit 1805 stand Bayern fest an der Seite Napoleons, hatte unter seinem Schutz die Aufwertung zum Königreich erfahren. Das bedeutete gleichzeitig aber auch, dass das Land weiter Frontstaat in der Auseinandersetzung zwischen den deutschen Großmächten Preußen und Österreich und Frankreich blieb. 1809 marschierten wiederum die Österreicher in Niederbayern ein, belagerten die Veste Oberhaus und setzten sich in Dingolfing, Landshut und einigen anderen Orten fest. Um und in Landshut wurden in einer tagelangen Straßenschlacht die bayerischen Truppen von den Österreichern zurückgeschlagen. Wenige Tage später kam es zu den großen französischen Siegen unter der persönlichen Führung Napoleons am 20. April 1809 bei Abensberg, am 21. April bei Landshut und am 22. April bei Eggmühl.

Nur eine kurze Verschnaufpause von wenigen Jahren blieb bis zu Napoleons Russlandfeldzug von 1812. 33 000 Bayern mussten größtenteils widerwillig mit Napoleons Grande Armée nach Osten marschieren. Nur 4000 von ihnen überlebten die katastrophale Niederlage. Jetzt war die Zeit für einen erneuten Frontenwechsel in Bayern gekommen. Kurz vor der Völkerschlacht bei Leipzig 1813 wechselten die Bayern ins Koalitionslager. Die großen Hoffnungen, die sich vor Jahren überall in Bayern mit dem Namen Napoleon verbunden hatten, waren in bittere Enttäuschung umgeschlagen, die Bewunderung, die vor allem Intellektuelle dem Korsen entgegengebracht hatten, war zu Hass geworden.

Der Infanterist Deifl

Einer von den 4000 Überlebenden des Russlandfeldzuges ist der Infanterist Josef Deifl aus Essing im Altmühltal. Deifl hat seine Erinnerungen an diese Zeit in einem höchst kurios zu lesenden Buch niedergeschrieben. Mit 19 Jahren muss der gelernte Eisenschmelzer 1809 in Straubing einrücken, ist bei den Schlachten von Landshut, Abensberg und Eggmühl dabei. Anschließend geht es nach Tirol, wo es den Hofer-Aufstand niederzuschlagen gilt, und 1812 in Russland erlebt er am eigenen Leib das Scheitern der Grande Armée. Er schreibt: „Alles löst sich auf in allergrößter

Unordnung, fallen hin durch Kält und Kugel, so daß die Toten hoch dalagen". Schon auf dem Rückmarsch hatten sich Deifl und seine Kameraden in einem „Judenhaus" einquartiert, wo sie sich eine Suppe kochten. Da kam ein Mann zur Tür herein, „sehr behutsam, das Haupt gesenkt. Er sieht keinen von uns an, leise schlich er zum Feuer, und stellte sich zu meiner Rechten zwischen mir und Probst. Ich erkenn an ihm einen Franzosen. Nur 5 bis 6 Minuten, dann geht er wieder ab, ohne etwas mit uns zu sagen, mit gesenktem Haupt geht er wieder zur Tür hinaus. Aber kaum hat er die Türe geschlossen, da schrie der Kürassier: ‚Kameraden, Brüder! Der Kaiser Naboleon, der Naboleon ist das gewesen, der da stand am Feuer!'" Erst im April 1814, nach Gefangenschaft und mehr als zwei Jahren Fußmarsch, kommt Deifl wieder daheim in Essing an. „Die Freid war groß. ... Viele Eltern kommen von fern herbey und fragen nach ihren lieben Söhnen, aber die meisten vergebens. 6 Kameraden aus meinem Ort sind unser vor 2 Jahren nach Norden – ich allein kam zurück." Doch der Krieg war für Deifl noch nicht vorbei. Im März 1815 muss er mit in den Frankreichfeldzug. Nach der Niederlage Napoleons schreibt er: „Nach Haus! Kein Abschied, kein Geld, kein Dank, kein Zeichen! Ein Zertivikat bekommt jeder Mann über sein Guthaben. Der ewige Friede wird uns belohnen, er ist mit Geduld durch Gottes Hilfe erkämpft."

Als Napoleon 1815 endgültig geschlagen war, gab es überall im Land spontane Siegesfeiern. Der Landauer Pfarrer Franz Xaver Nerb gab seine Ansprache bei einer solchen Feier im Druck heraus. Er verlieh der allgemeinen Stimmung damals Ausdruck: „Auch ich war ein Verehrer dieses Mannes ... Das Heil der Welt lag ja in seinen Händen; er hätte diese nur öffnen dürfen, und es wäre geflossen in Strömen. Allein – das Heil der Welt wollte er nicht; er wollte nur sich – und die Binde fiel nach und nach von den Augen seiner Verehrer, und auch von den meinigen, und ich freue und rühme mich nun, dass ich schon frühzeitig sehen gelernt habe, und bemitleide die, welche mit offenen Augen noch nicht sehen."

„Landshuter Romantik"

Nur 26 Jahre – von 1800 bis 1826 – befand sich die Bayerische Landesuniversität im niederbayerischen Landshut. In dieser Zeit gelangte die Hohe Schule allerdings zu einer großen Blüte, die als „Landshuter Romantik" in die Universitätsgeschichte eingegangen ist. Durch die Landshuter Universität wehte der Geist des Naturphilosophen Schelling, dem 1802 von der Universität der Ehrendoktor verliehen worden war.

Trotz des schlechten Starts wegen der andauernden kriegerischen Ereignisse erfreute sich die Universität Landshut bald großer Beliebtheit bei den Studenten. Im Studienjahr 1801/02 stieg die Studentenzahl um 64% von 146 auf 239, im November 1803 betrug sie bereits 504. Schon im Mai 1803 zog der berühmteste Student an der Universität Landshut auf: Kronprinz Ludwig, der nachmalige König Ludwig I. Neben dem Rektor Nikolaus Thaddäus Gönner gehörte der Theologe und Pädagoge Johann Michael Sailer zu den wichtigsten Professoren der Universität. Sailer führte eine umfangreiche Korrespondenz mit vielen zeitgenössischen Persönlichkeiten, als charismatischer Erzieher scharte er in Landshut einen Freundeskreis um sich, dem gleichermaßen Professoren, Studenten und Bürger angehörten. Auch Kronprinz Ludwig, mit dem ihn eine besonders enge Freundschaft verband, gehörte dazu. Sailer wirkte bis 1821 in Landshut. Später wurde er Bischof von Regensburg.

Als erster Professor direkt nach Landshut berufen wurde Johann Anselm Ritter von Feuerbach, der berühmteste Kriminalist seiner Zeit. Dazu kam der 1803 in Landshut promovierte und 1804 auf den Lehrstuhl für Physiologie und Chirurgie berufene Philipp Franz Walter, ein Stern am Medizinerhimmel, umworben von vielen Hochschulen in zahlreichen deutschsprachigen Ländern. Ebenfalls in der ganzen Welt einen Namen machte sich Walters Medizinerkollege Andreas Röschlaub. Der gebürtige Lichtenfelser forderte als einer der ersten eine vorbeugende Hygiene und darüber hinaus eine aktive Verbesserung der Lebensbedingungen der Menschen in ihrer Umwelt. Röschlaub war international so bekannt, dass ihn ein Brief aus

Amerika mit der Adresse „An Professor Röschlaub, Europa"
tatsächlich in Landshut erreichte. Sein nicht ganz einfacher
Charakter allerdings führte in Landshut zu dem sprichwörtlichen Ausspruch: „Grob wie Röschlaub".

Von 1808 bis 1810 wirkte der Rechtshistoriker Friedrich Karl
von Savigny in Landshut. Der gebürtige Frankfurter war eng
mit Sailer befreundet und führte ein offenes Haus, das zum
Treffpunkt vieler Studenten wurde, zumal auch Savignys
Schwägerin und Schwager, Bettina und Clemens Brentano,
öfters dort zu Besuch waren.

Die Brentanos

Clemens Brentano schreibt über eine Abendveranstaltung im Kreis
der Professoren: „Wenn man sie einzeln fragt, warum sie nie miteinander disputieren, so sagt jeder Einzelne, dieser und jener
wüßte gar nichts zu sprechen, und was man spreche, werde allen
wieder bekannt, und so spiele man lieber Schach oder (das Kar-
tenspiel) L'hombre." In Landshut entstanden Teile von Brentanos
Versepos „Romanzen vom Rosenkranz". Seine Schwester Bettina,
die in ihren Landshuter Jahren von 1808 bis 1810 ihren intensi-
ven Briefwechsel mit Goethe führte, schwärmte: „Landshut war
mir ein gedeihlicher Aufenthalt, in jeder Hinsicht muß ich's
preisen; heimatlich die Stadt, freundlich die Natur, zutunlich die
Menschen, und die Sitten harmlos und biegsam."

Zur gleichen Zeit, in der Kronprinz Ludwig in Landshut studierte, wurden von den Studenten auch die ersten Landsmann-
schaften gegründet. Als erste fanden sich die Schwaben zusammen, zehn Jahre später folgten die Pfälzer. 1816 gründeten die
Bayern ihre Landsmannschaft von der sich 1821 das Korps der
Isaren abspaltete. Die überall in Deutschland aufkommenden
Burschenschaften spielten in Landshut keine Rolle.

In den 20er-Jahren allerdings hatte die Universität Landshut
ihre kurze Blütezeit bereits hinter sich. Es fehlte zunehmend
das Geld, um namhafte Wissenschaftler an die Isar holen zu
können. Der anfangs reich sprudelnde Einnahmequell aus den
in der Säkularisation aufgelassenen Kirchengütern versiegte
zusehends. Viele Lehrstühle konnten in der Folge nur mittel-

mäßig besetzt werden, einige überhaupt nicht mehr. Die besten Professoren wanderten ab an andere Hochschulen oder die Akademie der Wissenschaften in München. Als 1825 Ludwig I. den Thron bestieg war die Zeit reif für den Umzug nach München. Am 15. April 1826 verfügte der König den Umzug der Universität zu den nächsten Herbstferien. Obwohl Landshut nur 26 Jahre lang die Heimat der Bayerischen Landesuniversität gewesen war, trauerten nicht wenige Professoren und Studenten den ungezwungenen Verhältnissen in der kleinen Schwesterstadt Münchens nach. So schrieb der Student Felix Schnabel in sein „Burschikoses Wörterbuch": „Landshut war eine herrliche Musenstadt, in der sich's angenehmer als in München lebte; dort war und galt der Studio Alles, in München dagegen nichts ... Lange noch werden die guten Landshuter um den Verlust der Hohen Schule trauern und jeder Studio wünscht sich nach ihm zurück."

Die Regierungszeit König Ludwigs I. war für Niederbayern eine restaurative Phase, eine Zeit der allmählichen Erholung von den Turbulenzen und Kriegen zu Anfang des Jahrhunderts. Der König hatte in den ersten Jahren seiner Regierungszeit die Neu- und Wiedergründung von Klöstern erlaubt, in Stadt und Land ließen sich wieder Ordensleute nieder, gründeten Schulen und sorgten für die Seelsorge. So wurden 1830 Metten und Weltenburg als erste Benediktinerklöster Bayerns wiedererrichtet. 1837 ließ Ludwig überdies die Kreiseinteilung Bayerns abschaffen und sorgte dafür, dass die neuen Regierungsbezirke wieder ihre historischen Namen erhielten. Zwei Jahre später wurde die Regierung des ehemaligen Unterdonaukreises von Passau nach Landshut verlegt, wo sie sich jetzt als neue „Regierung von Niederbayern" im früheren Dominikanerkloster, das zwischenzeitlich als Universität gedient hatte, etablierte. Passau wiederum wurde für den Verlust mit der Einrichtung des Königlichen Appellationsgerichts, des heutigen Landgerichts, entschädigt.

Der Antikenbegeisterung König Ludwigs verdankt Niederbayern einen außergewöhnlichen Denkmalbau. Auf dem schon seit vorgeschichtlicher Zeit bebauten Michelsberg bei Kelheim ordnete Ludwig den Bau der Befreiungshalle an. Der riesige

144

Die Befreiungshalle auf dem Michelsberg bei Kelheim. Bei der Einweihung des Bauwerks am 18. Oktober 1863, dem 50. Jahrestag der Völkerschlacht bei Leipzig, war auch der Veteran des Russlandfeldzugs Josef Deifl eingeladen. In das Gästebuch schrieb der 73-jährige damals in seiner unnachahmlichen Art: „Ich, ein alter Veteran, / hab vielmal mitgekämpft / Als junger Kriegersmann, / Zuletzt den Widerich gedämpft." Fotochrom, 1890–1900.

klassizistische Rundtempel soll an die Befreiungskriege der deutschen Länder gegen Napoleon erinnern. Ein ganz anderes Bauwerk technischer Art ist der sogenannte Ludwig-Donau-Main-Kanal. Der König ließ den Vorläufer des heutigen Main-Donau-Kanals errichten, um die Wirtschaft im Binnenland zu beleben. Bereits tausend Jahre zuvor hatte Karl der Große mit eher mäßigem Erfolg versucht, die Europäische Wasserscheide im Frankenjura zu überwinden. Der Ludwig-Donau-Main-Kanal war sehr bald durch die aufkommende Eisenbahn überholt. Heute stehen seine Reste im Altmühltal unter Denkmalschutz.

Die Revolution von 1848 verlief in Bayern relativ glimpflich. Letztendlich musste Ludwig I. abdanken, weil er sich wegen seines Verhältnisses mit der Tänzerin Lola Montez den Unmut der Bevölkerung zugezogen hatte. Sein Sohn Maximilian II. begann seine Regierungszeit gleichwohl mit einer Reihe von Reformen. So wurde im Juni 1848 die Hofmarksgerichtsbarkeit abgeschafft. Die Untertanen der Hofmarken waren nach der Verfassung von 1818 keine freien Bauern und nur mittelbar bayerische Staatsbürger gewesen. Jetzt gingen die Bauernhöfe samt und sonders in das Eigentum der Bauern über. Gleichzeitig musste die Gerichtsbarkeit neu geordnet werden. Bisher hatten die Hofmarksherren die niedere Gerichtsbarkeit repräsentiert, die hohe Gerichtsbarkeit lag bei den Landgerichten, die auch Verwaltungsaufgaben erfüllten. Aus den Landgerichten wurden im Lauf der Zeit die Amtsgerichte, aus den Bezirksgerichten die heutigen Landgerichte. Die Verwaltung ging auf die neu geschaffenen Bezirksämter über, die seit 1939 Landratsämter heißen.

„Auf den Flügeln des Dampfrosses"

Der Bau der Eisenbahn schließlich revolutionierte Wirtschaft und Kultur in Niederbayern. Um der befürchteten „völligen Verödung Ostbayerns" entgegenzuwirken, gründete der Staat 1856 die Königlich privilegierte AG der Bayerischen Ostbahnen. 1858 wurde die erste Bahnstrecke von München nach Landshut eröffnet. 1859 wurde Straubing angeschlossen, und über Geiselhöring mit Regensburg verbunden. 1860 folgte die Donaubahn von Straubing nach Passau, 1861 mit der Regentalbahn von Schwandorf nach Furth im Wald die erste Bahnlinie in den Bayerischen Wald. 1866 wurde die Bahnlinie von Plattling nach Bayerisch-Eisenstein gebaut. 1876 wurde die Ostbahn, die bis dahin 19 Eisenbahnstrecken errichtet hatte, verstaatlicht. Erst 1880 kam die Strecke Landshut–Plattling, die die niederbayerische Regierungshauptstadt mit Passau verband. Zwischen 1890 und 1896 eröffneten im Bayerischen Wald sechs weitere Bahnlinien, die unter anderem Grafenau, Kötzting, Lam und Waldmünchen erschlossen.

Sigharts Eisenbahnbüchlein

Drei Züge täglich fuhren auf der ersten Strecke der Bayerischen Ostbahnen von München nach Landshut und umgekehrt. Rund drei Stunden dauerte die einfache Fahrt. Die ersten Fahrpläne vermerkten die weiteren Postkutschenverbindungen von den Bahnhöfen nach Mainburg, Siegenburg, Abensberg und Regensburg ab Bahnhof Freising, von Landshut aus nach Regensburg, Straubing, Plattling, Deggendorf, Passau, Vilsbiburg, Frontenhausen, Reisbach, Vilshofen und Passau sowie nach Pfeffenhausen und Neustadt. Einer der allerersten Reisenden auf dieser Zugstrecke war der Kunsthistoriker und Theologe Joachim Sighart, der 1859 Professor für Philosophie in Freising wurde. Im gleichen Jahr brachte er den Reiseführer „Von München nach Landshut. Ein Eisenbahnbüchlein" heraus. Darin beschrieb er die kunstgeschichtlichen und sonstigen Sehens- und Merkwürdigkeiten all der Orte, die nun viel bequemer und schneller als zuvor erreichbar waren: „Den Reisenden, welche auf den Flügeln des Dampfrosses die große Isar=Ebene und damit das bedeutendste Stück Altbayerns durchziehen, bieten wir uns als freundlichen Führer an, um ihnen von Land und Leuten ein Miniaturbild zu verschaffen", heißt es im ersten Kapitel des Büchleins. Als erster Kunsthistoriker registrierte und beschrieb Sighart darin die Werke Hans Leinbergers und entriss damit den Namen des großen niederbayerischen Bildhauers nach Jahrhunderten der Vergessenheit.

Mit zunehmender Mobilität der Menschen gewann auch der Austausch von Nachrichten eine ganz neue Bedeutung. In den großen Städten Niederbayerns hatten sich schon im 18. und frühen 19. Jahrhundert Zeitungen etabliert. Um die Mitte des 19. Jahrhunderts erschienen, zunächst in Passau, wenig später in Landshut und Straubing, die ersten richtigen Tageszeitungen, die sich bis weit in das 20. Jahrhundert hinein behaupten konnten. Erst nach dem 2. Weltkrieg ordnete sich die niederbayerische Presselandschaft neu. Während in Landshut und Straubing die alteingesessenen Zeitungen „Landshuter Zeitung" und „Straubinger Tagblatt" wieder erschienen und später fusionierten, setzte sich in Passau mit der „Passauer Neuen Presse" eine Neugründung durch.

147

Obwohl mittlerweile auch stationäre Dampfmaschinen es erstmals erlaubten, Geräte und Anlagen unabhängig von Wasserkraft zu betreiben, ging es mit der Industrialisierung in Niederbayern nur äußerst zäh voran. Sieht man von Betrieben wie den Graphitwerke von Kropfmühl bei Passau, den niederbayerischen Ziegeleien oder den Landshuter Mühlen ab, die allesamt eine jahrhundertealte Tradition besaßen, gab es in jenen Jahren noch kaum neue industrielle Impulse. Niederbayern blieb auch für die nächsten Jahrzehnte, was es immer gewesen war: Ein nahezu hundertprozentig agrarisch strukturiertes Land mit ausgeprägtem und manchmal auch spezialisiertem Handwerk.

Zu diesem ausgeprägten Handwerk gehörten zum Beispiel die Kröninger Hafner, die ihre Werkstätten im Hügelland zwischen Dingolfing und Vilsbiburg hatten. Spätestens seit dem Mittelalter arbeiteten diese Handwerksbetriebe für den weit überregionalen Export bis nach Tirol. Mitte des 19. Jahrhunderts erlebten diese Manufakturen eine letzte Blüte, bevor sie aufgrund der Konkurrenz durch industriell hergestelltes Blech-, Steingut- und Porzellangeschirr ihre Absatzmärkte verloren und in den ersten Jahrzehnten des 20. Jahrhunderts die Arbeit einstellten.

Auch die Wurzeln der Glasindustrie im Bayerischen Wald reichen bis weit ins Mittelalter zurück. Bereits im 15. Jahrhundert sind die ersten aus Böhmen eingewanderten Glasbläser in Rabenstein und Zwieselau (Lkr. Regen) nachgewiesen. Allerdings litten die Glasmanufakturen an den selbst im Waldgebirge hohen Holzpreisen. Als nach dem Bau der ersten Eisenbahn 1861 auf Kohlefeuerung umgestellt werden konnte, war das der Startschuss für die industrielle Herstellung von Flach- und Tafelglas. Noch 1935 waren in den sieben Glashütten des Bayerischen Waldes über 1700 Arbeiter beschäftigt. Nahezu ebenso alt wie die Glasherstellung ist die Holzindustrie im Bayerischen Wald. Da bis zum Bau der Eisenbahn das Holz mühsam über Triften und mit Flößen befördert werden musste, blieben die Holzpreise hoch. Seit dem Mittelalter aber war etwa das „Bayerwaldbrett" bei den Schiffsbauern im Rheinland und an der Nordsee ein gefragter Rohstoff. Nach 1861 siedelten sich

entlang der Eisenbahnstrecken große Papiermühlen und Säge-
mühlen an. Um 1900 existierten im Bayerischen Wald allein
rund 700 Sägewerke mit zusammen mehr als 7000 Arbeitern.

Das Triftsystem im Bayerischen Wald

Ab 1729 hatten die Passauer Fürstbischöfe die Bäche im Einzugs-
gebiet der oberen Ilz systematisch zu Triften ausgebaut, in denen
die Baumstämme einzeln geschwemmt wurden. Schon zur Mitte
des Jahrhunderts waren alle Bäche gefasst und auch der Bau der
begleitenden Triftwege abgeschlossen. Mit den Triftarbeitern und
ihren Familien begann die endgültige Besiedlung der Höhenzüge
des Bayerischen Walds. Rund sechs Wochen dauerte es, bis ein
geschlagener Baumstamm an der Ilzmündung in Passau ankam.
Dort zogen bis zu 500 Arbeiter die nassen Stämme aus dem Wasser, trockneten sie und verluden sie auf Donauschiffe. Schon
gegen Ende des Jahrhunderts bezog Wien auf diese Weise jährlich
20 000 Klafter Brennholz aus dem Bayerischen Wald. Die Bayerische Forstverwaltung schließlich baute das Triftsystem auf insgesamt 230 Kilometer Länge aus.

Auch die Steinbrüche litten lange Zeit unter den schwierigen
Transportbedingungen. Zunächst wurde nur der lokale Bedarf
gedeckt. Nach dem Eisenbahnbau aber explodierte der Markt
für Bayerwaldgranit. Die schnell wachsenden Städte, deren
Straßen jetzt befestigt wurden, hatten einen riesigen Bedarf an
Pflastersteinen. So sind die Straßen Wiens nahezu durchgehend
mit Hauzenberger Granit gepflastert. Im 20. Jahrhundert allerdings begannen Steinimporte den lokalen Steinbrüchen zunehmend Konkurrenz zu machen. In den 50er- und 60er- Jahren
begann der unaufhaltsame Niedergang. Abgesehen von einigen
kleinen Familienunternehmen hat heute die Steinindustrie des
Bayerischen Walds aufgehört zu bestehen.

Typisch niederbayerisch war im 19. Jahrhundert auch eine
große Anzahl von Schnupftabak-Manufakturen. Schon seit dem
Ende des 18. Jahrhunderts wurde in Landshut Schnupftabak fa-
briziert. Die Hochzeit der Schnupftabakindustrie begann dann
um die Mitte des 19. Jahrhunderts. In rund 16 niederbayerischen Orten von Arnstorf bis Zwiesel wurden die verschiedens-

ten Sorten produziert. Um die Wende zum 20. Jahrhundert existierten allein in Landshut an die 20 Schnupftabakbetriebe. Zu den bekanntesten und überregional am weitesten verbreiteten Tabaken gehörte der „Perlesreuter Schmalzler" aus Grafenau. Die Firma Alois Pöschl in Geisenhausen bei Landshut setzt heute als größter Schnupftabakhersteller Europas die große Tradition fort.

Siegeszug des Hopfens

Niederbayern war seit den Zeiten der Kelten und Römer ein Weinbauland. Unzählig sind die Geschichten und Historien, die mit dem Bayerwein zusammenhängen. So hat es in den Weinkellern der Landshuter Burg in der Renaissance Riesenfässer gegeben, wie sie heute noch in Heidelberg zu besichtigen sind. Allerdings vernichtete die Reblauskatastrophe des 19. Jahrhunderts, wie nahezu überall in Europa, die alten Weinstöcke. Dazu kam, dass in früheren Zeiten, anders als heute, Süßwein bevorzugt wurde, der aber im niederbayerischen Klima nicht herzustellen war. Weil die Bauern auf den guten niederbayerischen Böden, im Gegensatz etwa zu den fränkischen Winzerkollegen, Anbaualternativen hatten, verlegten sie sich auf Gemüse und Getreide. Innerhalb weniger Jahrzehnte wurde so aus Niederbayern ein Biertrinkerland. In der Hallertau, dem großen nieder- und oberbayerischen Hügelland westlich von Pfeffenhausen, entwickelte sich mit enormer Geschwindigkeit das größte Hopfenanbaugebiet der Welt, das den Welthopfenpreis bis heute bestimmt.

Spätestens jetzt machten die Städte und Märkte überall in Niederbayern einen großen Wandel durch. Die mittelalterlichen Befestigungsanlagen, die in den napoleonischen Kriegen großenteils schwer beschädigt worden waren und sich als untauglich herausgestellt hatten, wurden verkauft und vielfach abgerissen. Zahlreiche schöne Stadttore und Stadttürme fielen in diesen Jahren der Spitzhacke zum Opfer. Als Siedlungsideal der damaligen Zeit galt die „offene Stadt". Mit der einsetzenden Industrialisierung beginnen in jenen Jahren die Städte erstmals zu wachsen. Außerhalb der mittelalterlichen Mauerringe entstanden neue Häuser und Straßen für die zahlreichen Neu-

Hopfenernte in der Hallertau 1933. Bis zur Einführung der Pflückmaschine zu Beginn der 60er-Jahre des 20. Jahrhunderts musste der Hopfen alljährlich von Tausenden Erntehelfern per Hand gezupft werden.

bürger, die vom Land in die Städte zogen. Die bevölkerungsreichste niederbayerische Stadt war Mitte des 19. Jahrhunderts Passau mit gut 10 000 Einwohnern, dicht gefolgt von Landshut mit rund 9500 und Straubing mit knapp 9000 Einwohnern. Bis zum Ende des ersten Weltkriegs sollten sich diese Bevölkerungszahlen in etwa verdoppeln.

Im Reich

Das Ende der Souveränität Bayerns erlebte König Maximilian II. nicht mehr. Er starb 1864. Sein Sohn und Nachfolger Ludwig II. kam mit knapp 19 Jahren auf den Thron und war mit den in den folgenden Jahren anstehenden Herausforderungen heillos überfordert. 1866 kam es zum deutschen Bundeskrieg zwischen Österreich und Preußen, in dem es um die Vorherrschaft im Deutschen Bund ging und Bayern an der Seite

Österreichs stand. Der Krieg ging verloren, Österreich wurde aus dem Deutschen Bund hinausgedrängt, Bayern aber musste die bekannten Schutz- und Trutzbündnisse mit Preußen eingehen. Damit war die sogenannte kleindeutsche Lösung, das Kaiserreich von 1871 unter Ausschluss Österreichs, bereits vorgezeichnet. Bayern wurde zu einem Satellitenstaat Preußens, und Niederbayern, bisher Binnenland in Deutschland, war mit einem Mal nationales Grenzland geworden.

Rathaussäle

In Niederbayern erlebte man in jenen Jahren einen Zwiespalt der Gefühle zwischen dem nationalen Aufbruch in Deutschland und dem seit Jahrhunderten angestammten bayerischen Patriotismus. Einen typischen Ausdruck findet dieser Zwiespalt in der Neugestaltung der Rathaussäle in Passau und Landshut. In Passau schmückte der einheimische Historienmaler Ferdinand Wagner den Rathaussaal 1893 mit dem Wandgemälde „Einzug Kriemhilds in Passau", in Landshut dekorierten Münchner Historienmaler die Wände des Rathaussaals mit Szenen aus der „Landshuter Hochzeit". In beiden Fällen kam die Themenwahl nicht von ungefähr. Sowohl Kriemhild als auch die Landshuter Hochzeit konnten als ein Stück Reichsgeschichte gelten, waren aber vor allem Teil der bayerischen Geschichte und der Stadtgeschichte. Darüber hinaus kam ein Kaiser in der Nibelungengeschichte gar nicht vor, bei der Landshuter Hochzeit war zwar ein Kaiser zu Gast; bei ihm handelte es sich aber um einen Habsburger und nicht um einen Hohenzollern.

Nahezu alle Landstriche entlang den Grenzen verloren damit ihr selbstverständliches Hinterland. Am härtesten aber traf es den Bayerischen Wald, der nun immer stärker ins Hintertreffen geriet. Der Handel über die Grenze nach Böhmen ging mehr und mehr zurück, die Landwirtschaft im rauhen Mittelgebirge war kaum mehr in der Lage, die Bevölkerung zu ernähren. Mit Straßen und Eisenbahnen ließ sich das Bergland nur schwer erschließen. Schon früh begannen hier die Menschen abzuwandern. Für viele Niederbayern war Nordamerika das gelobte Land, von dem sie sich eine große Zukunft erhofften. Andere strebten nicht so weit in die Ferne. Sie übersiedelten in die Städte der näheren Umgebung wie Passau, Deggendorf, Straubing oder Landshut.

Die allermeisten Niederbayern aber zog es bis weit ins 20. Jahrhundert hinein in die bayerische Hauptstadt, nach München, wo sie kleine Handwerksbetriebe aufmachten, sich als Arbeiter in den Fabriken, als Hausangestellte oder Köchinnen verdingten. Ein Großteil der heute lebenden „alteingesessenen" Münchner hat niederbayerische Vorfahren; und kein geringer Teil der Münchner Kleine-Leute-Kultur, der Volkssänger und Volksschauspieler rekrutiert sich seit jeher aus dem großen Kreis der niederbayerischen Zuzügler.

Einer der bedeutendsten dieser „niederbayerischen Münchner" jener Zeit ist Franz von Stuck. Stuck, ein Müllerssohn aus

Franz von Stuck in seinem Atelier um 1910.

Tettenweis bei Griesbach im Rottal, sollte eigentlich das väterliche Handwerk lernen. Nach dem Tod des Vaters zog er aber mit 19 Jahren nach München und begann ein Studium an der Kunstakademie. Bereits kurz nach Abschluss seiner Ausbildung war er ein gefeierter und preisgekrönter Münchner Maler und schon mit 32 Jahren, 1895, wurde er Akademieprofessor. In der Folgezeit avancierte er zum bedeutendsten Künstler des Münchner Jugendstils und zum Inbegriff eines Münchner Malerfürsten.

Mehr denn je veränderte sich in diesen Jahren das Gesicht Niederbayerns. Bereits zu Anfang des Jahrhunderts hatten die Städte die Straßenbeleuchtung eingeführt und ihre Friedhöfe, die seit Menschengedenken um die Kirchen lagen, aus hygienischen Gründen an die Peripherie verlagert. Ab der Mitte des Jahrhunderts begann man in den größeren Städten mit der Kanalisation und der Pflasterung der Straßen. Gleichzeitig wurden zentrale Wasserversorgungen eingerichtet. Gasversorgung und später auch Stromversorgung kamen hinzu. Auch die damals neuen Medien, Telegrafen und Telefon hielten Einzug in den Städten.

Hazzi über Hygiene

Der große bayerische Agrarpolitiker Joseph Ritter von Hazzi hatte bereits 1826 in einer Denkschrift die unhaltbaren hygienischen Zustände in den Städten angeprangert. In einer Abhandlung forderte der Abensberger Maurermeistersohn und Klosterschüler aus Rohr, „bewegliche und geruchslose Abtritte" einzuführen. Mit deren Hilfe könne man zum einen Dünger für die Landwirtschaft sammeln und andererseits für Hygiene in Siedlungen sorgen. Hazzi schreibt: „Zu den größten und empfindlichsten Mängeln unserer bisherigen Wohnhäuser gehört unstreitig die seit Jahrhunderten eingeführte, und in der Hauptsache um Nichts verbesserte Bauart der Abtritte, dieser unangenehmsten, aber auch unentbehrlichsten Vorkehrung in allen von Menschen bewohnten Gebäuden. Die ekelhaften, höchst ungesunden Dünste und der unerträgliche Gestank, ... der nachteilige Einfluß, welchen diese Gruben auf das umgebende Mauerwerk und auf die in der Nähe befindlichen

Brunnen äußern, sind allgemein bekannte und gefühlte Übel, über welche man überall klagen hört, und welchen man bisher noch auf keine gründliche und befriedigende Art abzuhelfen im Stande war."

All diese umfangreichen Aufgaben sind, übrigens wie in allen größeren Flächenstaaten, bis heute nicht vollständig abgeschlossen. Um die Mitte des 20. Jahrhunderts erst wurde zum Beispiel die Fernwasserversorgung Bayerischer Wald eingerichtet, die mehr als die Hälfte Niederbayerns mit gutem Wasser versorgt. Eine hundertprozentige zentrale Wasserversorgung aller entlegeneren Dörfer und Weiler ist aber bis heute noch nicht erreicht.

Eine große Gefahr ging nach wie vor von den Flüssen und Strömen des Landes aus. Die Lebensadern, die viel zum Reichtum des Unterlandes beigetragen hatten, bedrohten mit regelmäßigen Überschwemmungen Leib und Leben vieler Niederbayern. Besonders als man zu Anfang des 19. Jahrhunderts erste große Flussverbauungsmaßnahmen und -begradigungen vorgenommen hatte – hauptsächlich um damit neues fruchtbares Land zu gewinnen – nahmen die Hochwässer, wie etwa das große Donauhochwasser von 1845, immer verheerendere Ausmaße an. So begann man damit, Hochwasserschutzmaßnahmen umzusetzen, die ebenfalls bis heute ständiger Überarbeitung, Erneuerung und regelmäßigen Ausbaus bedürfen. Gleichzeitig begann man die Äcker und Fluren, besonders in fruchtbaren Regionen wie dem Gäuboden, unter den Gesichtspunkten rationeller und später auch maschineller Bearbeitung, neu ein- und aufzuteilen. Auch diese Maßnahmen wurden im 20. Jahrhundert mit den großen Flurbereinigungen und bis in unsere Zeit mit der Gegenbewegung der Renaturierungs- und Dorferneuerungsmaßnahmen fortgesetzt.

Durch die umfangreichen infrastrukturellen und wasserbaulichen Eingriffe des 19. und 20. Jahrhunderts hat Niederbayern innerhalb kürzester Zeit sein Aussehen von Grund auf verändert. Erst allmählich erkennt man, dass die großen Rationalisierungsinitiativen der Aufklärung viele Schäden angerichtet haben, unter denen das Land bis heute leidet. Nur unter diesem Gesichtspunkt ist zu verstehen, warum Niederbayern aller

Parteien und aller gesellschaftlichen Schichten mit großem Einsatz versuchen, das letzte frei fließende Stück Donau zwischen Straubing und Vilshofen gegen Ausbauinteressen zu verteidigen.

Krieg und Frieden:
Das 20. Jahrhundert

In Krieg und Diktatur

Der Erste Weltkrieg unterbrach die friedliche Entwicklung Niederbayerns von heute auf morgen. Auch aus dem Unterland zogen 1914 Tausende kriegsbegeisterte Freiwillige ins Feld. In den folgenden Jahren wich die Begeisterung aber allerorts der größten Ernüchterung. Wieder einmal wurden die menschlichen und wirtschaftlichen Ressourcen des Landes rücksichtslos für den Krieg ausgepresst. Zahlreiche Arbeitskräfte fehlten in den Folgejahren der heimischen Wirtschaft, weil sie im Feld standen oder aus der Gefangenschaft nicht mehr zurückkehrten.

Auch aus Niederbayern waren viele junge Männer 1914 fröhlich und zuversichtlich in den Krieg gezogen, aus dem viele nicht mehr lebend zurückkehren sollten. Zwischen zehn und 25 Prozent der Kriegsteilnehmer verloren ihr Leben, ein weit größerer Prozentsatz kam invalide, psychisch und physisch gebrochen zurück. Obwohl das Land selbst von direkten Kriegsereignissen verschont blieb, wirkte sich der Krieg bald indirekt aus: Die Versorgung mit Lebensmitteln und allen Gütern des täglichen Bedarfs wurde immer mehr eingeschränkt, zahlreiche öffentliche Gebäude, wie etwa die Burg Trausnitz in Landshut, in Lazarette und Gefangenenlager umgewandelt.

Das Ende des Kriegs brachte die Revolution und den Sturz der Monarchien im Reich und in Bayern. In allen größeren Städten richteten sich 1918/1919 Arbeiter- und Soldatenräte ein. Die Räterepublik aber, die sich in München im April 1919 konstituierte, war den Niederbayern nicht recht geheuer. Die Arbeiterräte verhinderten hier den roten Putsch. Ebenso wie im Oberland rekrutierten sich auch im Unterland zahlreiche Freikorps, Schutz- und Bürgerwehren, die halfen, die Kommunistenherrschaft nach bolschewistischem Vorbild niederzuschlagen.

Einer dieser Freikorps-Führer war der Landshuter Apotheker Gregor Strasser, der ab 1920 mit dem Sturmbataillon Niederbayern eine bestens bewaffnete und organisierte nationalkonservativ orientierte Privatarmee aufstellte. Sein Adjutant war der junge Heinrich Himmler, der wenige Jahre zuvor das Landshuter Gymnasium besucht hatte. 1921 kam es in Strassers Landshuter Wohnung zu einer Unterredung, an der neben Strassers Bruder Otto auch Erich Ludendorff und Adolf Hitler teilnahmen. In der Folge schlossen sich die Strasser-Brüder den Nationalsozialisten an, wobei sie von Anfang an dem antikapitalistischen und sozialrevolutionären Flügel der Partei angehörten. Gemeinsam gründeten sie in Berlin den „Kampf-Verlag" der die Wochenschrift „Der Nationale Sozialist" herausgab. Während und nach Hitlers Festungshaft stieg der charismatische Strasser zum zweiten Mann in der NSDAP auf, wurde Reichspropagandaleiter und Reichsorganisationsleiter der Partei. Ab 1928 überließ Strasser die Gauleitung Nieder-

Die Neugründung der NSDAP in München am 27. Februar 1925. Rechts neben Hitler Gregor Strasser und Heinrich Himmler.

bayerns seinem Gaugeschäftsführer Himmler, stattdessen organisierte er die Partei im Norden Deutschlands.

Bereits 1926 hatte sich Hitler aber erfolgreich gegen Strassers „Nationalbolschewismus" durchgesetzt, was die beiden in der Folge zu heftigen Konkurrenten werden ließ. Infolge der Richtungskämpfe innerhalb der NSDAP wurde Otto Strasser bereits 1930 aus der Partei ausgeschlossen und musste 1933 emigrieren. 1932 bot Reichskanzler Kurt von Schleicher Gregor Strasser das Amt des Vizekanzlers und des Preußischen Ministerpräsidenten an. Daran schloss sich eine letzte Auseinandersetzung mit Hitler an, in deren Folge Strasser alle seine Ämter niederlegte. Seine Wochenzeitung „Die Schwarze Front", die er seit 1931 herausgab, wurde bei der Machtergreifung der Nazis verboten. Bei den parteiinternen Säuberungsaktionen, dem sogenannten „Röhm-Putsch", wurde Gregor Strasser 1934 von der Gestapo ermordet.

Wirtschaftliche Not, Inflation und allgemeine Verunsicherung trieben in den kommenden Jahren den politischen Extremisten die Menschen in Scharen zu. Die Reichsfeindlichkeit der niederbayerischen Bevölkerung, die nun in den Strudel der Weimarer Republik gezogen wurde, machten sich vor allem Adolf Hitler und seine Nationalsozialisten zunutze. Der aus dem benachbarten Braunau stammende Hitler hielt eine seiner ersten öffentlichen Reden im Februar 1920 in Passau. Im gleichen Jahr entstand in Landshut eine Ortsgruppe der NSDAP. Auch was die Wahlergebnisse anging, gehörte Niederbayern in der Folgezeit zu den „braunen" Gebieten in Deutschland. Diese Situation änderte sich aber zu Anfang der 30er-Jahre, als die nationalsozialistische Partei immer stärker wurde. Jetzt errang die NSDAP im bayerischen Unterland meistens weit unterdurchschnittliche Ergebnisse. Erst bei der Reichstagswahl 1933, die Hitler an die Macht brachte, stimmten die Niederbayern, ähnlich wie die restlichen Deutschen, wieder zu 44% für Hitler. Zu einer absoluten Mehrheit reichte es im katholischen Bayern für die Nazis aber nie.

Mit Berechnung zerstörten die Nazis herkömmliche politischen Strukturen, um so leichteres Spiel zu haben. So kam schon unmittelbar nach der Machtübernahme im Januar 1933 wieder einmal das Aus für Niederbayern. Die damals „Kreise" genannten Bezirke wurden aufgehoben und umgewandelt in Bezirksverbände, die nicht mehr gewählt werden konnten. Außerdem wurde das Unterland mit der benachbarten Oberpfalz und Oberfranken zum „Grenzgau Bayerische Ostmark" zusammengefasst, der von Bayreuth aus regiert wurde. Damit war der gewachsene Verwaltungsmittelbau, der mit seinen Verflechtungen in alle Bereiche des öffentlichen Lebens der Diktatur möglicherweise widerstehen hätte können, ausgelöscht.

Obwohl die Nazis im Kampf gegen die Arbeitslosigkeit in den Anfangsjahren unbestrittene Erfolge hatten, die ihnen oft die Sympathie der einfachen Bevölkerung in Niederbayern eintrugen, bekam ihr Ansehen schon bald den ersten Knacks. Wie bei der sogenannten „Arisierung" der jüdischen Geschäfte in den Städten vorgegangen, wie überhaupt mit oft angesehenen Geschäftsleuten und Mitbürgern umgesprungen wurde, stieß Menschen quer durch alle Bevölkerungsschichten ab. Schon bald und unverhohlen gingen die Naziführer und ihre Schergen außerdem gegen regimekritische, aber oftmals bei den Leuten recht beliebte Kirchenmänner vor. Der neu eingerichtete Konvent der Missionsbenediktiner von Schweiklberg bei Vilshofen wurde 1935 von einem Tag auf den anderen aufgelöst.

Im Kampf um die „Herzen der Jugend" sah die Diktatur in den Kirchen die Hauptkonkurrenten. Wo nur der Wille des „Führers" galt, konnte Erziehung zu selbstständigem Denken und autonomem Handeln keinen Platz haben. Genauso wie die geistigen Freiräume, die die Kirche schuf, waren auch Clubs und Vereinigungen, in denen frei gedacht und gesprochen werden konnte, den Nazis ein Dorn im Auge, wurden bekämpft und schließlich aufgelöst. Getreu dem Motto Adolf Hitlers: „Entweder wir oder die Freimaurer oder die Kirche. Aber niemals zwei nebeneinander." Auch in Niederbayern gingen zahlreiche kirchliche, kirchentreue oder freidenkerische Intellektuelle, wie etwa Hans Carossa, in die innere und äußere Emigration.

Andererseits war die Aufwertung des Bauernstands zum „Reichsnährstand" Balsam auf den Seelen vieler Menschen in den Dörfern Niederbayerns, die sich als die großen Verlierer der Industrialisierungsprozesse im Reich gesehen hatten. Das

Reichserbhofgesetz, das die Entschuldung von Bauernhöfen vorsah, trug den Nazis zusätzliche Sympathien ein. Auch die politischen „Erfolge" Hitlers, etwa mit dem Münchner Vertrag von 1938, wurden in Niederbayern mit großer Zustimmung begrüßt. Durch die Angliederung Österreichs und die Zerschlagung und teilweise Annexion der Tschechoslowakei verlor das Land seine quälenden Grenzen und fand sich wieder inmitten eines großen Wirtschaftsraums. Letztlich führten diese Umstände dazu, dass sich in den 30er-Jahren kaum breiter Widerstand gegen die Nazis regte.

Schwerste Verfolgungen hatte die einzige jüdische Gemeinde Niederbayerns in Straubing zu erdulden, zu der 1933 noch über 200 Mitglieder aus Straubing selbst, Landshut, Passau, Vilshofen, Deggendorf und Plattling gehörten. Den niederbayerischen Juden wurden, wie überall im Reich, die Lebensgrundlagen entzogen, sodass ihnen häufig keine andere Wahl

Die Straubinger Synagoge in den 50er-Jahren des 20. Jahrhunderts.

als die Auswanderung blieb. Zahlreiche jüdische Geschäfte und Unternehmen wurden in den folgenden Jahren „arisiert". Die wenigen verbliebenen Juden wurden 1942 in die Vernichtungslager Lublin und Theresienstadt deportiert.

Judenverfolgung

Bereits im März 1933 wurde der Straubinger Güterhändler Otto Selz von SA-Leuten aus seiner Wohnung geholt und kurz danach in Weng bei Landshut erschossen. Auch zahlreiche andere niederbayerische Juden waren bereits früh Opfer von Nazi-Boykott und Gewaltmaßnahmen. Im August 1933 wurde ihnen sogar das Baden in der Donau verboten. Bei der sogenannten „Reichskristallnacht" 1938 wurde die Inneneinrichtung der Straubinger Synagoge komplett zerstört. Zu Beginn der Deportationen 1942 lebten noch knapp 50 Juden in Straubing, Landshut und Deggendorf. Am Ende des Krieges hielten sich hunderte jüdische Überlebende von Todesmärschen und KZ-Außenstellen in Niederbayern auf, zum Beispiel im sogenannten „Displaced-Persons-Lager" von Pocking. Sie gründeten 1946 in Straubing wieder eine Gemeinde, die heute mit rund 1700 Mitgliedern nach München die zweitgrößte jüdische Gemeinde Bayerns ist. Im Jahr 2007 feiert die jüdische Synagoge Straubing ihr 100-jähriges Bestehen.

Erst mit Beginn des Krieges 1939, als wiederum tausende junger Männer ins Feld mussten, viele von ihnen ihr Leben verloren, als der Erlass kam, die Schulkreuze aus den Klasszimmern zu entfernen, als gegen Ende des Kriegs die Versorgung der Bevölkerung mit Lebensmitteln und Gütern des täglichen Bedarfs knapp wurde, reagierten die Menschen zunehmend mit Unmut auf die braunen Machthaber. Offener Widerstand blieb dennoch selten. Lange Zeit hatten die Städte Niederbayerns keine Bombenangriffe zu fürchten. Ab 1944 allerdings konnten die amerikanischen Langstreckenbomber auch süddeutsche Ziele erreichen. Passau, Landshut, besonders auch Straubing wurden angegriffen, wobei vor allem die Bahnhöfe mit den umliegenden Wohnvierteln dem Erdboden gleichgemacht wurden.

Selbst noch gegen Ende des Krieges gab es fanatische Nazis,

die Hitlers Befehl, dem Feind nur verbrannte Erde zu hinterlassen, wahr machen wollten und sich anschickten, auch Niederbayerns Städte mit Waffengewalt zu verteidigen. In den letzten Kriegstagen, kurz vor dem Einmarsch der amerikanischen Armee, hatten zahlreiche Städte und Ortschaften schwer unter unsinniger Verteidigung und dem daraus folgenden heftigen Beschuss zu leiden. Die Stadt Waldkirchen wurde zur Ruinenlandschaft, Neustadt an der Donau durch Artillerie, Spreng- und Brandbomben zu 70% zerstört. In den meisten Orten aber bemühten sich standhafte und tapfere Bürger darum, dass ihre Stadt oder Gemeinde kampflos übergeben werden konnte. In Landshut wurde Franz Seiff noch am 29. April öffentlich hingerichtet. Er hatte an seinem Haus die bayerische Fahne aufgezogen. In Passau setzten sich der Generalvikar der Diözese Dr. Franz Seraph Riemer und der Schriftsteller Hans Carossa beim Oberbürgermeister der Stadt schriftlich für die Übergabe ein. Beide wurden dafür von der SS in Abwesenheit zum Tod verurteilt, das Urteil aber nicht vollstreckt.

Die Nazis hatten ihre wirtschaftlichen Erfolge, die Aufrüstung und den Krieg mit einer hemmungslosen Inflation erkauft. Diese durch den geltenden Preisstopp verdeckte Geldentwertung trat nach dem Ende des Kriegs offen zutage. Jetzt begann auch in Niederbayern die Not der Nachkriegszeit. Sogar im an und für sich reichen Bauernland gab es Hunger und materielle Not. Dazu kamen die Flüchtlinge, die ins Land strömten. Zwischen 1939 und 1950 stieg die Bevölkerung Niederbayerns um gut ein Drittel auf über eine Million Einwohner.

Gleichzeitig begann man mit dem Wiederaufbau der politischen Strukturen. Die Gaugliederung der Nazis wurde aufgehoben, die altbayerischen Regierungsbezirke Niederbayern und Oberpfalz aber blieben vereinigt und wurden zunächst von Regensburg aus verwaltet. Erst 1955 wurde Niederbayern wieder selbstständig und Landshut erneut Regierungshauptstadt. Bereits ein Jahr zuvor hatten in Niederbayern erstmals wieder Bezirkstagswahlen stattgefunden. Seitdem kümmert sich der Bezirk als „dritte kommunale Kraft" um Aufgaben, die über die Kompetenz der einzelnen Kommunen hinausreichen; vor allem in Naturschutz, Kultur und Heimatpflege und als Träger der psychiatrischen Krankenhäuser, von Blinden- und Gehörlosen-einrichtungen. Nach der Bezirksreform 1978 wurden Regierungen und Bezirke organisatorisch getrennt. Während der Regierungspräsident als Verwaltungsbeamter weiter der Regierung von Niederbayern vorsteht, vertritt der gewählte Bezirkstagspräsident den Bezirk Niederbayern nach außen.

Nachkriegszeit: Aufsteiger Niederbayern

Das ungeheure Bevölkerungswachstum nach dem Krieg entfaltete eine ungeahnte wirtschaftliche Dynamik. Ein Gutteil des berühmten Wirtschaftswunders nach der Währungsreform von 1948 ging auf das Konto der zahlreichen Menschen, die sich eine neue Existenz aufbauen mussten. Überall in den Städten und Gemeinden Niederbayerns entstanden neue Siedlungen für Flüchtlinge und Heimatvertriebene. Die Straßennamen dort erinnern bis heute an Orte und Landschaften in ihren alten Heimatländern.

Freilich war Niederbayern durch das Wiedererstehen der Grenze mit Österreich und den Eisernen Vorhang vor der Grenze zur damaligen Tschechoslowakei wieder in eine politische und wirtschaftliche Randlage gerutscht, was für die kommenden Jahre erhebliche Schwierigkeiten mit sich brachte. Weit über 90 Prozent des Landes galten in den Jahren nach dem Krieg als „Notstandsgebiete", besonders das 40 Kilometer breite sogenannte „Zonenrandgebiet" entlang der böhmischen Grenze.

Dennoch gab es jetzt erst in Niederbayern einen eigentlichen Industrialisierungsschub. Neben den traditionellen Betrieben wie etwa der Stein- und Glasindustrie im Bayerischen Wald, der Holzverarbeitung oder der Nahrungsmittelindustrie etablierten sich zahlreiche neue Unternehmen unter anderem in den Bereichen Textilverarbeitung, Feinmechanik, Elektronik und Fahrzeug- und Maschinenbau. Zu den größten Industriebetrieben Niederbayerns zählt seit 1946 ZF (früher: Zahnradfabrik) in Passau. Die Tochtergesellschaft der ZF Friedrichshafen AG ist Systemzulieferer für die Nutzfahrzeug- und Autoindustrie mit weltweit 11 Standorten und beschäftigte 2005 6600 Mitarbeiter, über die Hälfte davon in Niederbayern.

Kachletwerk

Bereits 1922 war an der „Bayerischen Kachlet" bei Passau mit dem Bau einer Staustufe und eines Kraftwerks begonnen worden. Das Kachletwerk mit seiner aufwendigen Wasserbautechnik galt als technisches Wunderwerk und steht heute unter Denkmalschutz, obwohl es nach wie vor jährlich 54 Megawatt Strom erzeugt. Weit bedeutender als Stromlieferanten aber sind die niederbayerischen Atommeiler an der Isar. Trotz teilweise heftiger Widerstände von Atomkraftgegnern wurden die beiden Kraftwerke Isar I (in Betrieb gegangen 1977) und Isar II (1988) gebaut. Mit einer jährlichen Stromproduktion von über 1400 Megawatt ist Isar II das leistungsstärkste Atomkraftwerk Deutschlands. Isar I mit 900 Megawatt Leistung steht seit geraumer Zeit in der Diskussion und könnte im Rahmen des Atomausstiegs bereits 2011 abgeschaltet werden. Nur 18 Tage im Volllastbetrieb lief das benachbarte Kernkraftwerk Niederaichbach. Der 100-MW-Reaktor wurde bereits 1974 komplett abgeschaltet und 1987 bis 1995 als erstes deutsches Atomkraftwerk „bis zur grünen Wiese" abgebaut. Heute erinnert auf dem Gelände ein Gedenkstein daran.

Luftaufnahme der Kachlet-Staustufe bei Passau.

165

Das wichtigste Unternehmen aber wurde die BMW AG, die 1966 in Dingolfing die Fabriken des Landmaschinen- und Kleinwagenherstellers Hans Glas GmbH übernahm und zu ihrem weltweit größten Werk ausbaute. Ein wichtiger Anreiz für diese Übernahme war eine 50-Millionen-DM-Bürgschaft des Bayerischen Staates, der den Standort Dingolfing zum wirtschaftlichen Entwicklungspol Niederbayerns ausbauen wollte, denn das wachsende Werk fand nur einen Teil seiner Mitarbeiter in Stadt und Landkreis Dingolfing. Schon bald reisten täglich tausende Arbeitnehmer vor allem aus dem Osten Niederbayerns mit Werksbussen in die silbernen Werkshallen an der Isar. Aktuell (2006) verlassen täglich rund 1250 Autos die Bänder dieses größten BMW-Werks. 21 000 Menschen arbeiten derzeit im BMW-Werk Dingolfing, im Werk Landshut sind es etwa 3300.

Neben einer weiten Palette an kleineren Zulieferunternehmen zur Automobilindustrie ist mittlerweile ein breit gefächertes Angebot der unterschiedlichsten Betriebe entstanden. Stark vertretene Branchen sind neben Automobil- und Maschinenbau und der traditionellen Glasindustrie oder der Bauwirtschaft

Überprüfung der Türfunktionen an einem BMW 6er Cabrio im BMW-Werk Dingolfing.

die Elektrotechnik, die Informations- und Kommunikations-
technik. Aktuell beschäftigen rund 1600 größere und kleinere
niederbayerische IT-Unternehmen, etwa in Vilsbiburg, Rotthalmünster oder Viechtach, über 10 000 Mitarbeiter. Eine
wichtige Rolle beim Aufbau der Industrie in Niederbayern spielten die neu gegründeten Hochschulen. Neben den Fachhoch-
schulen in Landshut (1978) und Deggendorf (1994) und dem
seit 2005 von vier Hochschulen gemeinsam betriebenen Wis-
senschaftszentrum für nachwachsende Rohstoffe in Straubing
begleitet die 1978 gegründete Universität Passau maßgeblich
die wirtschaftliche Entwicklung Niederbayerns. Das umfangreiche Bildungsangebot dieser Hochschulen mit zusammen
über 12 000 Studentinnen und Studenten sichert außerdem
den wichtigsten „Rohstoff" einer modernen Wirtschaftsgesell-
schaft, die Menschen und ihre Ausbildung.

Trotz der großen Fortschritte bei der Industrialisierung des
Landes ist Niederbayern daneben natürlich ein herausragender
Agrarproduzent geblieben. Der Gäuboden rund um Straubing
ist nach wie vor die „Kornkammer Bayerns". Neben allen klassischen Getreidesorten, Kartoffeln und Futtermais gedeihen auf
den äußerst fruchtbaren Lössböden vor allem Zuckerrüben, die
in den Zuckerfabriken Plattling und Regensburg verarbeitet
werden. Darüber hinaus sind die niederbayerischen Landkreise
Landshut, Dingolfing-Landau, Deggendorf und Straubing
Europas größte Gurkenproduzenten. Auf rund 1500 Hektar
Fläche werden hier jährlich 125 000 Tonnen Gewürzgurken
produziert. Das sind rund 70% der gesamten deutschen Pro-
duktion. Berühmt ist auch die Pferdezucht im Rottal. Das
„Rottaler Warmblut" gehört zu den ältesten Pferderassen
Europas. Früher als ausdauerndes Kutsch- und Reitpferd hoch
geschätzt, gehören die Rottaler mittlerweile zu den begehrtes-
ten und leistungsstärksten deutschen Turnierpferden. Haupt-
zuchtzentrum der Rottaler Rösser ist Pocking. Auf der ältesten
Trabrennbahn Bayerns im benachbarten Pfarrkirchen ziehen
alljährlich zu Pfingsten die Bayerischen Zuchtrennen Pferde-
freunde aus der ganzen Welt an.

Zu einem bedeutenden Wirtschaftsfaktor in Niederbayern
hat sich im letzten Drittel des 20. Jahrhunderts der Tourismus

entwickelt. 1970 wurde der Nationalpark Bayerischer Wald eingerichtet. Der erste Nationalpark Deutschlands wurde rasch zum Magneten des Tourismus, der in den folgenden Jahren konsequent ausgebaut wurde. Der 1997 erweiterte Nationalpark in der einmaligen Wald- und Mittelgebirgslandschaft an der Landesgrenze zur Tschechischen Republik umfasst eine Fläche von über 24 000 Hektar, die nahezu vollständig bewaldet sind und weitestgehend ihrer natürlichen Entwicklung überlassen bleiben.

Thermenland

Niederbayern liegt auf einem fast 6000 Quadratkilometer großen unterirdischen Thermalwassersee. Schon die Römer kannten die heißen Quellen in den heutigen Heilbädern Bad Gögging und Bad Abbach, nutzten die Jodquellen in der Nähe ihres Kastells Quintana, dem heutigen Künzing. Bis ins Mittelalter und die Neuzeit blieb das Thermalbad von Abbach besucht. Kaiser Karl V. etwa suchte es regelmäßig auf, wenn er zu Reichstagen im nahen Regensburg weilte. 1938 dann fanden Bergbauingenieure in der Pockinger Heide auf der Suche nach Erdöl das 70 Grad warme schwefelhaltige Thermalwasser in gut 1000 Metern Tiefe. Nach dem Krieg entwickelte sich dort das „Niederbayerische Bäderdreieck" Bad Füssing, Bad Griesbach und Bad Birnbach. Gemeinsam mit den beiden angestammten Donaubädern Abbach und Gögging bilden sie die größte Kur- und Gesundheitsregion Europas mit zusammen über 26 000 Quadratmetern Heißwasserfläche und über 5,5 Millionen Übernachtungen im Jahr. Rund 12 000 Menschen arbeiten in und um die Thermen, die längst nicht mehr die alleinigen Anziehungspunkte sind. Um die eigentlichen Bäder hat sich eine Fülle von touristischen, sportlichen und Wellness-Angeboten entwickelt, die nicht nur von den Übernachtungsgästen, sondern auch von zahlreichen Tagesausflüglern wahrgenommen werden.

Die bayerische Gemeinde- und Gebietsreform hat das Antlitz Niederbayerns noch einmal gewaltig verändert. 1972 wurden die 22 Landkreise und vier kreisfreien Städte in Bayern neu geordnet. Der Altlandkreis Kötzting sowie unterschiedlich große Teile der Altlandkreise Kelheim, Mallersdorf und Rot-

Das „Churfürstlich Bayrische Wild-Bad zu Abach in Nieder-Bayern".
Radierung von J. G. Kraer, 1750.

tenburg a. d. Laaber wurden der Oberpfalz respektive Oberbayern zugeschlagen. Im Gegenzug kamen Teile der Altlandkreise Freising, Regensburg und Riedenburg an Niederbayern.
Per Saldo aber blieb für Niederbayern ein erneuter Gebietsverlust. Aus den verbliebenen Altlandkreisen entstanden nun die
neun Großlandkreise Kelheim, Landshut, Dingolfing-Landau,
Straubing-Bogen, Deggendorf, Regen, Freyung-Grafenau, Passau und Rottal-Inn. Die Stadt Deggendorf verlor ihre Kreis-
freiheit und erhielt den neu geschaffenen Status der „Großen
Kreisstadt". In den Folgejahren büßten rund zwei Drittel der
niederbayerischen Gemeinden ihre Selbstständigkeit ein, wurden zu kommunalen Einheiten zusammengefasst oder in nächst-
größere Kommunen eingegliedert.

Neben zahlreichen unbestritten positiven Auswirkungen auf
die Effizienz und die Professionalisierung der Verwaltung

brachte dieser Vorgang auch eine Reihe von negativen Begleiterscheinungen. Orte, die früher ein oft reges öffentliches Leben hatten, verloren mit der Selbstständigkeit ihre Schulen und andere öffentliche Einrichtungen. Gleichzeitig machte sich gerade auf dem Land der Priestermangel in der katholischen Kirche bemerkbar, zahlreiche Pfarrgemeinden mussten zusammengelegt werden. In den Nachkriegsjahrzehnten setzte Landflucht ein, später degradierte die zunehmende Mobilität viele Dörfer in der Nachbarschaft größerer Städte zu Schlafsiedlungen. Manche Orte drohen nun in der Folge all dieser Entwicklungen auszubluten. In einigen Dörfern gibt es heute nicht einmal mehr ein Gasthaus.

Kulturland in Mitteleuropa

Trotzdem hat Niederbayern seinen Charakter als gewachsenes Kulturland erhalten. Für die einheimische Wirtschaft, für Gäste, Zuzügler und die alteingesessenen Niederbayern sind die traditionsreichen alten genauso wie die neuen Kulturangebote wichtige „weiche Standortfaktoren". Besucher aus ganz Deutschland und nahezu allen Teilen der Welt ziehen die niederbayerischen Festspiele an. Alljährlich im Juni / Juli finden in Passau die Europäischen Wochen statt. Sie bieten rund 60 Veranstaltungen in der Stadt und den Landkreisen Passau, Deggendorf, Freyung-Grafenau und Regen. Seit einigen Jahren sind auch Bezirke in Oberösterreich und Südböhmen dabei. Auf dem Programm stehen neben regelmäßigen Uraufführungen und deutschen Erstaufführungen alle Formen der darstellenden Kunst. Seit 1987 gibt es das Jazz-Festival „Jazz an der Donau" in Vilshofen. Dort waren im Lauf der Jahre alle Größen der internationalen Jazzszene zu Gast. Aus Platzgründen musste das Festival 2002 nach Straubing umziehen. Zahlreich sind in Niederbayern daneben alle möglichen historischen Festspiele. Zwar liegen seit der Gebietsreform von 1972 Festspielorte wie Furth im Wald mit dem ältesten Volksschauspiel Deutschlands, dem „Further Drachenstich", oder Waldmünchen mit dem historischen Freilichtspiel „Trenck der Pandur" in der Oberpfalz, die „Agnes-Bernauer-Festspiele" von Straubing und die weltberühmte „Landshuter Hochzeit 1475" sind aber selbstverständlich niederbayerisch geblieben. Allein die vier Veranstaltungswochenenden der „Landshuter Hochzeit", in denen die Hochzeit Herzog Georgs des Reichen mit der polnischen Königstochter Hedwig in einem breit gefächerten historischen Dokumentarspiel dargestellt wird, bringen in vierjährigem Turnus weit über 500 000 Menschen in die Stadt.

1952 gründeten die Städte Landshut, Passau und Straubing den Zweckverband des „Südostbayerischen Städtetheaters", dem später auch der Bezirk Niederbayern beitrat. Im Rahmen dieses Theaterverbunds hat das Musiktheater seinen Sitz im Passauer fürstbischöflichen Opernhaus, das Schauspiel und die Intendanz befinden sich im alten Biedermeier-Stadttheater in Landshut. Neben einer Reihe von kleineren Bühnen gibt es in Eggenfelden mit dem Theater an der Rott außerdem seit 1963 das einzige landkreiseigene Theater Deutschlands. Das rund 400 Personen fassende Haus zeigt Eigeninszenierungen und Gastspiele und veranstaltet Konzerte.

Simon Breu (1858–1933) gehört zu den interessanten niederbayerischen Komponisten der Neuzeit. Der gebürtige Simbacher entdeckte am Lehrerseminar in Straubing seine musikalische Begabung. Schon in seinen ersten Berufsjahren begann er mit Kompositionen. Später kam er mit der von Regensburg ausgehenden Cäcilianischen Bewegung in der Kirchenmusik in Kontakt und wurde zu einem der produktivsten Komponisten geistlicher und weltlicher Chormusik seiner Zeit. Zahlreiche seiner über 300 bekannten Werke gehören heute noch zum festen Repertoire in Kirchenchören und vielen deutschen Gesangsvereinen. Ebenso wie Breu war der Passauer Erhard Kutschenreuter (1873–1946) ein Zögling der Straubinger Lehrerbildungsanstalt, wo seine musikalischen Ambitionen gefördert wurden. Kutschenreuter, der „Niederbayerische Marschkönig", komponierte zahlreiche Operetten und Märsche, Walzer, Polkas und Tänze. Sein größter Erfolg war das Singspiel „Der Holledauer Fidel", das auf zahlreichen Bühnen im In- und Ausland gespielt wurde.

Der Roider Jackl

Kutschenreuter, der zeitlebens der Volksmusik eng verbunden war, gehörte zusammen mit dem berühmten Kiem Pauli zu den Organisatoren des 1. Niederbayerischen Preissingens, das 1931 in Landshut stattfand. Bei diesem Preissingen trat Jakob Roider aus Weihmichl (Lkr. Landshut) zum ersten Mal als Stegreifsänger auf. In den kommenden Jahrzehnten wurde der Roider Jackl (1906–1975) zu einer bayerischen Berühmtheit und zum Inbegriff des niederbayerischen Gstanzlsängers. Das Gstanzl (italienisch „stanza" = „Gedicht, Strophe") ist eine typisch niederbayerische Liedform, deren Text aus dem Stegreif gedichtet wird. In den 60er-Jahren trat Roider damit regelmäßig beim Starkbieranstich auf dem Münchner Nockherberg auf, wo er die politische Prominenz „aussang". Nach seinem Tod wurde er mit einem Brunnen auf dem Münchner Viktualienmarkt quasi in den Olymp der bayerischen Volkskünstler aufgenommen.

Zu den berühmtesten und ungewöhnlichsten Komponisten der Gegenwart zählt Franz Hummel (* 1939) aus Riedenburg. Hummel startete seine Karriere als pianistisches Wunderkind, das von Richard Strauss, Eugen Papst und Hans Knappertsbusch gefördert wurde. Bis in die 60er-Jahre gab er Konzerte in ganz Europa und nahm über 60 Schallplatten auf. Seit Anfang der 70er-Jahre widmet er sich ausschließlich der Komposition. Hummels Orchesterwerke, Ballettmusiken und Opern gehören seitdem zum Repertoire aller großen Konzertsäle und Opernhäuser. Einer breiten Öffentlichkeit bekannt wurde Hummel durch sein opernhaftes Musical „Ludwig II. – Die Sehnsucht nach dem Paradies". Derzeit arbeitet Hummel an einem Volksmusik-Musical, das 2008 uraufgeführt werden soll, und an weiteren Musicals über Richard Wagner und Anton Bruckner.

Seit Jahrzehnten spielen in Niederbayern auch Kabarett und Kleinkunst eine große Rolle. Die niederbayerische, wenn nicht deutsche Kabarett-Hauptstadt ist Passau. Politische Kabarettisten wie Bruno Jonas, Sigi Zimmerschied oder anfänglich auch Ottfried Fischer formierten dort in den 70er-Jahren in teilweise harter Auseinandersetzung mit dem offiziellen Passau eine künstlerische Gegenbewegung zum konservativen politischen

Franz Josef Strauß (1915–1988) auf seinem letzten Politischen Aschermittwoch in Passau am 17. Februar 1988. Links hinter Strauß der heutige CSU-Spitzenpolitiker Erwin Huber aus Reisbach bei Dingolfing.

und kirchlichen Establishment der Stadt. Mittlerweile hat sich die Stadt mit den Kabarettisten und ihrem künstlerischen Zentrum, dem „Scharfrichterhaus" ausgesöhnt. Die im März 1977 gegründete Bühne gehört mittlerweile zu den bedeutendsten Jazz-, Kabarett- und Kleinkunstbühnen Deutschlands. Seit 1979 ist das von Walter Landshuter und Edgar Liegl gegründete Scharfrichterhaus Veranstalter der Passauer Kabaretttage, seit 1983 wird vom Scharfrichterhaus, in Zusammenarbeit mit dem Bayerischen Rundfunk und der Münchener Abendzeitung, das „Scharfrichterbeil" als Nachwuchspreis für Kabarettisten verliehen.

Politischer Aschermittwoch

Eine besondere Form von Kultur, politischer Kultur nämlich, ist der Politische Aschermittwoch in Niederbayern. 1919 veranstaltete als erste Partei der Bayerische Bauernbund eine Kundgebung auf dem traditionellen Vilshofener Aschermittwochs-Viehmarkt. Nach dem 2. Weltkrieg ließ die Bayernpartei den Brauch wiederaufleben, nach dem Fall der Bayernpartei und dem Aufstieg der CSU baute ihn Franz-Josef Strauß zum großen Politspektakel aus. Wegen des großen Erfolgs der Veranstaltung zog die CSU 1975 nach Passau um. In den Vilshofener Wolferstetter Keller rückte die SPD nach. Mittlerweile gibt es praktisch keine größere politische Partei mehr, die nicht am Aschermittwoch die „deutliche Aussprache" pflegen würde.

Auch in der zeitgenössischen bildenden Kunst hat Niederbayern namhafte Persönlichkeiten hervorgebracht. So gilt etwa der gebürtige Pfarrkirchener Hans Wimmer (1907–1992) als einer der wichtigsten deutschen Bildhauer der Nachkriegszeit. Im Rückgriff auf die Antike und die Klassische Moderne wurde er nach dem Zweiten Weltkrieg zum Hauptvertreter der figürlichen Plastik in Deutschland. Den größten Teil seiner Werke hat er der Stadt Passau vermacht, die im städtischen Oberhaus-Museum eine eigene Hans-Wimmer-Sammlung eingerichtet hat. Das berühmte „Wimmer-Ross" für den Marktplatz seiner Heimatstadt Pfarrkirchen hat er 1966 geschaffen. Es soll an die große Pferdetradition des Rottals erinnern.

Zu den weltweit bekanntesten zeitgenössischen Bildhauern zählt Fritz Koenig (* 1924) aus Ganslberg bei Landshut. Koenig baut seine figürlichen und abstrakten Skulpturen aus geometrischen Grundformen auf und erreicht damit eindrucksvolle Kompositionen. Für seine umfangreichen Sammlungen und Werke gibt es seit 1995 in Landshut ein unterirdisches Skulpturenmuseum. Koenigs wohl berühmteste Plastik ist die Kugel-Karyatide „The Sphere", die er zwischen 1967 und 1971 für die Plaza des World Trade Centers in New York schuf. Den Anschlag des 11. September 2001 überstand das Werk schwer beschädigt. Seit 2002 steht es als Mahnmal im New Yorker Battery Park.

Neben dem Landshuter Willi Geiger (1878–1971) und dem ebenfalls in Landshut geborenen berühmten Impressionisten Max Slevogt (1868–1932) hat der Österreicher Alfred Kubin (1877–1959) einen festen Platz in der niederbayerischen Kunstgeschichte. Kubin lebte von 1906 bis zu seinem Tod in Zwickledt bei Passau auf der österreichischen Seite des Inns. Der Graphiker, Schriftsteller und Buchillustrator pflegte zeitlebens enge Freundschaften mit zahlreichen niederbayerischen Künstlern. Studiert hatte Kubin an der Akademie in München, wo er 1909 gemeinsam mit Kandinsky die Neue Künstlervereinigung München gründete. Die Künstlervereinigung war eine Vorläuferin des Blauen Reiters, dem Kubin ebenfalls angehörte.

Die Landshuterin Marlene Reidel (* 1923) ist eine der bekanntesten deutschen Bilderbuchautorinnen. Ihre weit über 100 Bücher, von denen ein großer Teil in zahlreiche andere Sprachen übersetzt wurde, gehören längst zu den Klassikern der Kinderbuchliteratur. Daneben hat sie in ihrem typischen Stil über 50 Werke klassischer und moderner Autoren illustriert und eine Reihe von Vorlagen für Fernsehtrickfilme geschaffen.

Zu den mit Sicherheit berühmtesten Schriftstellern Niederbayerns gehört Hans Carossa (1878–1956). Der praktizierende Arzt aus Rittsteig bei Passau ist einer der meistgelesenen Autoren des 20. Jahrhunderts. Obwohl er von den braunen Machthabern geschätzt wurde, wollte er mit dem Dritten Reich nichts zu tun haben. Wie Erich Kästner ging er in die sogenannte „innere Emigration" und blieb mit Regimekritikern wie Thomas Mann in Kontakt. Carossa war wie der Volksschriftsteller Ludwig Thoma und der Autor Wilhelm Diess ein Zögling des Landshuter Gymnasiums, das heute nach ihm benannt ist.

Ebenfalls in der niederbayerischen Bezirkshauptstadt hat Lena Christ (1881–1920) ihre produktivsten Jahre verbracht. Während ihr Mann Peter Benedix ab 1917 in der Landshuter Garnison Dienst tat, entstanden der Roman „Madam Bäurin" und zahlreiche Erzählungen, die später unter dem Titel „Bauern" veröffentlicht wurden. Neben Lena Christ ist Emerenz Meier (1874–1928) aus Schiefweg bei Waldkirchen eine der interessantesten bayerischen Autorinnen. Emerenz Meier hatte schon als Kind zu schreiben begonnen und veröffentlichte 1896 ihr erstes und einziges Buch „Aus dem bayerischen Wald". 1906 ging Meier nach Amerika. Sie folgte ihrer Familie, die aufgrund der schlechten wirtschaftlichen Situation in ihrer Heimat ausgewandert war. Aber auch in Chicago besserte sich

Emerenz Meier in den 1890er-Jahren

ihre wirtschaftliche Existenz nicht, was schließlich dazu führte, dass sie das Schreiben einstellte. Zum Schluss wandte sich Emerenz Meier, die von Amerika aus in Kontakt mit alten Freunden und Verwandten rund um Waldkirchen blieb, dem Kommunismus zu. In den letzten Jahren vor ihrem Tod, den Zeiten der amerikanischen Prohibition, braute sie in Chicago Bier für sich und ihre bayerischen Landsleute.

Anna Wimschneider

In der besten Tradition einer Emerenz Meier stand die Bäuerin und Autorin Anna Wimschneider (1919–1993) aus Pfarrkirchen, die 1985 durch ihre Autobiographie „Herbstmilch – Lebenserinnerungen einer Bäuerin" in ganz Deutschland berühmt wurde. In dem Buch, das zahlreiche Auflagen erlebte und 1988 von Joseph Vilsmaier mit großem Erfolg verfilmt wurde, beschreibt sie ihr hartes aber auch glückliches Leben auf einem Rottaler Bauernhof.

Einer der derzeit bekanntesten Autoren Niederbayerns ist der 1951 in Hengersberg (Lkr. Deggendorf) geborene Harald Grill. Grill ist der wichtigste Vertreter der neuen bairischen Mundartliteratur. In seinen Gedichten und Erzählungen setzt er sich häufig sehr kritisch mit seiner Heimat auseinander.

Hoamkumma

1

wia r i hoamfahr
durthi wo i außagwachsn bin
do kenn i mi fast nimmer aus

grobe strich überm Land
kreiz und quer
überlandleitungen und autobahnreißverschlüss

des was i kenn
des was i suach
des muaß irgendwo drunter liegn

2

mir fallt mei aufsatzheftl ei
wo i de gschicht einegschriebn ghabt hab
vo dem dorf wo dasuffa is in am stausee aus beton

i siehg de blaadln vor mir
kreiz und quer
grobe strich und drunter steht

ausschweifende phantasie
alles noch einmal

Aus: Harald Grill: Bairische Gedichte,
Viechtach 2003
© lichtung verlag GmbH

Ausblick

Seit dem Fall des Eisernen Vorhangs hat Niederbayern einen ungeahnten Aufschwung erlebt. Die östlichste Region der alten Bundesrepublik verfügt nach Jahrzehnten der Abwanderung seit einigen Jahren über das größte Bevölkerungswachstum Bayerns. Im Jahr 2006 gibt es rund 1,2 Millionen Niederbayern. Angeschoben durch die wirtschaftlichen Möglichkeiten nach der Grenzöffnung wuchs die niederbayerische Wirtschaft gewaltig. Heute ist Niederbayern die bayerische Region mit der höchsten Exportquote. Rund die Hälfte aller in Niederbayern erzeugten Waren und Dienstleistungen sind für das Ausland bestimmt. Die Region um Landshut steht darüber hinaus seit Jahren, was die niedrige Arbeitslosenquote und die Kaufkraft ihrer Bürger angeht, an der Spitze der Städte in der Bundesrepublik. Allerdings zeigen sich in den letzten Jahren auch besorgniserregende Entwicklungen. Während der Westen Niederbayerns um Landshut, Dingolfing und Straubing weiter boomt, droht der Osten zurückzufallen. Andererseits tun sich durch die Osterweiterung der EU erneut enorme Möglichkeiten für den ostniederbayerischen Raum auf.

In den Jahren seit 1989 ist die historische Zugehörigkeit Niederbayerns zum althergebrachten mitteleuropäischen Kulturraum wieder für jedermann augenfällig geworden. Wer mit offenen Augen durch niederbayerische, österreichische und jetzt auch wieder böhmische, slowakische oder ungarische Städte geht, sieht die architektonischen Verbindungslinien, die all diese Landstriche durchziehen, sie aber auch deutlich von anderen Landschaften in Deutschland und Europa unterscheiden. Seinen althergebrachten Platz als altes Kulturland im Herzen Mitteleuropas jedenfalls hat Niederbayern längst wieder eingenommen. Das reiche alte Unterland, als neuer Regierungsbezirk lange Zeit ein viel geschmähtes hässliches Entlein unter den Regionen Bayerns, ist im 3. Jahrtausend im Begriff, ein schöner Schwan zu werden. Niederbayern stehen spannende Zeiten bevor: Wie überall, wo eine große Vergangenheit erwartungsvoll auf die Zukunft trifft.

Zeittafel

Vor rund 600 Mill. bis vor rund 12 Mill. Jahren	Entstehung der niederbayerischen Landschaft
vor rund 120 Tsd. Jahren	erste Menschen in Niederbayern
um 8000 v. Chr.	erste Kunstwerke in Jurahöhlen
um 7700 v. Chr.	Jungsteinzeit, erste Bauern
um 5000 v. Chr.	Kreisgrabenanlagen, Silex-Bergwerk in Arnhofen bei Abensberg
um 4500 v. Chr. bis um 2000 v. Chr.	Besiedlung des Hügellands, frühe Burgen, Besiedlung der Vorberge des Bayerischen Walds, erstmals Verwendung von Kupfer und Gold
um 2000 v. Chr.	Beginn der Bronzezeit, Erfindung des Metallpflugs ermöglicht Bevölkerungswachstum, wichtige Fernhandelsstraßen durch Niederbayern, befestigte Höhensiedlungen
um 1500 v. Chr.	Handelsverbindungen zum Mittelmeerraum, Hügelgräber
nach 1000 v. Chr.	Beginn der Eisenverwendung, niederbayerische Ureinwohner werden „Kelten" genannt
um 500 v. Chr. bis 1. Jh. v. Chr.	Keltische Oppida Alkimoenis (Kelheim), Boiodurum (Passau) und Sorviodurum (Straubing); Keltenschanzen
15 v. Chr.	Niederbayern wird Teil der italienischen Nordprovinz Raetien, Römerkastelle, Bau des Limes, Straßenbau, römische Kultur
170 n. Chr.	Markomanneneinfälle; in der Folge Ausbau von Limes und Kastellen
um 260 n. Chr.	Alamanneneinfälle; Zerstörung zahlreicher Kastelle und Siedlungen, „Römerschätze"
nach 313 n. Chr.	erste Christen in Niederbayern
358 n. Chr.	erneuter Alamanneneinfall
4./5. Jh. n. Chr.	Lebensbeschreibung des hl. Severin berichtet über römische Spätzeit in Niederbayern; Männer aus Böhmen, die sogenannten „Baio Varii", kommen ins heutige Niederbayern
476	Ende des Weströmischen Reichs; in der Folge versucht Theoderich das Land zwischen Alpen und Donau als römische Provinz zu reorganisieren, wobei er auf die Baio Varii zurückgreift, zahlreiche Alamannen besiedeln das Land

536	Raetien und damit Niederbayern geraten unter fränkische Herrschaft
551	erste schriftliche Erwähnung der Bajuwaren in der Gotengeschichte des Jordanes
ab etwa 615	der Columbanermönch Eustasius und zahlreiche andere Wanderprediger wie Emmeram und Erhard in Niederbayern
um 620	Gründung des Klosters Weltenburg
716	Errichtung der bayerischen Bistümer, darunter Regensburg und Passau
im 8. Jh.	Missionstätigkeit des Bistums Regensburg in Böhmen, des Bistums Passau in Mähren; die Klöster Niederalteich und Metten kolonisieren im Bayerischen Wald
788	Entmachtung Tassilos III.; seitdem Karolinger in Bayern
9. Jh.	Niederbayern Teil des karolingischen „Regnum Bavariae"
1. Hälfte 10. Jh.	Ungarneinfälle; Verwüstung zahlreicher Klöster, Beginn des Burgenbaus in Niederbayern
2. Hälfte 10. Jh.	Christianisierung der Ungarn durch Passauer Missionare; Passauer Diözese erstreckt sich bis weit hinter Wien, niederbayerischer Osthandel floriert
11. Jh.	schwache Herzöge, Ausbildung der niederbayerischen Adelsherrschaften
12. und Anfang 13. Jh.	Kulturblüte in Niederbayern: Romanik, Minnesänger in Niederbayern, Nibelungenlied; Bistum Passau wird geistliches Fürstentum
1180	Wittelsbacher Herzöge von Bayern
1204	Gründung Landshuts als neuer bayerischer Hauptstadt; in der Folge zahlreiche weitere Städtegründungen in Niederbayern
um 1200	Wittelsbacher beerben viele niederbayerische Adelsgeschlechter
1255	Teilung Bayerns in Niederbayern mit der Hauptstadt Landshut und Oberbayern mit der Hauptstadt München
bis 1271	Krieg um Erbe in Österreich verwüstet Niederbayern
1290	der niederbayerische Herzog Heinrich XIII. verliert die bayerische Kurstimme
1305	der niederbayerische Herzog Otto III. wird König von Ungarn
1311	„Ottonische Handveste" als Magna Charta Niederbayerns
ab 1312	nach Herzog Ottos Tod streiten die oberbayeri-

	schen Wittelsbacher und die österreichischen Habsburger um das niederbayerische Erbe
1322	Fußvolk aus niederbayerischen Städten entscheidet die Schlacht bei Mühldorf zwischen Habsburgern und Wittelsbachern (letzte Ritterschlacht auf deutschem Boden)
1340	Wiedervereinigung von Ober- und Niederbayern unter Ludwig dem Bayern
1349	erneute Erbteilungen unter den Söhnen Ludwigs des Bayern: Neben Oberbayern-München entstehen Niederbayern-Landshut und Niederbayern-Straubing-Holland
1363	Wiedervereinigung Bayerns in der Hand Stephans II. von Landshut
1392	große Landesteilung in Bayern-München, Bayern-Ingolstadt und Bayern Landshut; das Herzogtum Bayern-Straubing-Holland besteht weiter
1393–1503	das Jahrhundert der „Reichen Herzöge"
1408 und 1410	Heinrich der Reiche lässt Bürgeraufstände in Landshut niederschlagen
1425	Wittelsbachische Linie Bayern-Straubing stirbt aus, Aufteilung unter München, Landshut und Ingolstadt
1435	Prozess gegen Agnes Bernauer in Straubing
1447	Herzogtum Bayern-Ingolstadt kommt an Bayern-Landshut
1472	Gründung der ersten bayerischen Landesuniversität durch Ludwig den Reichen von Bayern-Landshut
1475	„Landshuter Hochzeit" Herzog Georgs des Reichen mit Hedwig, der Tochter des Polenkönigs Kasimir
1503	Tod Georgs des Reichen von Bayern-Landshut
1504–1505	Landshuter Erbfolgekrieg
1506	Wiedervereinigung Bayerns; für die beiden Enkel Georgs des Reichen wird aus Teilen des alten niederbayerischen Herzogtums das Fürstentum „Junge Pfalz" gebildet; Primogeniturgesetz verhindert weitere Teilungen Bayerns
1514	Herzog Ludwig X. erzwingt von seinem Bruder Wilhelm IV. Mitregierung und macht Landshut erneut zur Residenz
1. Hälfte 16. Jh.	Renaissance und Reformation in Niederbayern
2. Hälfte 16. Jh.	Landshut Thronfolgerresidenz
Ende 16. Jh./ Anfang 17. Jh.	Gegenreformation: zahlreiche Klostergründungen in Niederbayern
1618–1648	im Dreißigjährigen Krieg erleidet Niederbayern schwere Verwüstungen, etwa die Hälfte der Bevölkerung findet den Tod

2. Hälfte 17. Jh.	Barock in Niederbayern; Neubau des Passauer Doms; erneute Anstrengungen zur Kolonisation im Bayerischen Wald
1704	Spanischer Erbfolgekrieg: Österreicher besetzen Niederbayern, Schlacht bei Aidenbach
1741	Österreichischer Erbfolgekrieg: Niederbayern erneut österreichisch besetzt
18. Jh	Niederbayerisches Rokoko; Asamkirchen in Aldersbach, Gotteszell, Osterhofen, Rohr, Straubing und Weltenburg
1777	Bayerischer Erbfolgekrieg; Österreicher wieder in Niederbayern
1779	Verlust des Innviertels im Frieden von Teschen
1796	Niederbayern im 1. Koalitionskrieg wieder österreichisch besetzt
1800	Franzosen erobern Landshut; Verlegung der Landesuniversität von Ingolstadt nach Landshut
1803	Säkularisation: Auflösung von 55 Klöstern und Stiften in Niederbayern
1808	Konstitution: Auflösung der staatlichen Integrität des Unterlands, Bayern wird in Kreise eingeteilt, Passau Sitz der Regierung des Unterdonaukreises
1809	Einmarsch der Österreicher in Niederbayern, Besetzung Landshuts und anderer Städte, Napoleon siegt bei Abensberg, Landshut und Eggmühl
1826	Verlegung der Universität von Landshut nach München
1830	Wiedergründung der Benediktinerabteien Metten und Weltenburg als erste Klöster in Bayern
1837	Abschaffung der Kreiseinteilung Bayerns, Landshut Regierungshauptstadt des neugeschaffenen Niederbayern
1848	Abschaffung der Hofmarkgerichtsbarkeit
1858	Eröffnung der Bahnstrecke München–Landshut
2. Hälfte 19. Jh.	Ansätze zur Industrialisierung Niederbayerns, besonders auch im Bayerischen Wald, Landflucht
1871	Gründung des II. Kaiserreiches, Österreich und Böhmen werden endgültig Ausland
1914–1918	1. Weltkrieg
1920	Der Landshuter Apotheker Gregor Strasser gründet sein Sturmbataillon Niederbayern und wird in den nächsten Jahren der nach Hitler zweitmächtigste Mann der NSDAP. 1932 legt er alle Parteiämter nieder und wird 1934 im sogenannten „Röhm-Putsch" ermordet

1933	Machtübernahme der Nazis; unmittelbar danach Zerschlagung aller gewachsenen Strukturen: Niederbayern, Oberpfalz und Oberfranken werden zum „Gau Bayerische Ostmark" zusammengefasst; erste Verfolgungen niederbayerischer Juden
1938	Wegfall der Grenzen nach Anschluss Österreichs, Straubinger Synagoge in „Reichspogromnacht" verwüstet
1939–1945	2. Weltkrieg; Deportation niederbayerischer Juden; gegen Kriegsende schwere Zerstörungen in niederbayerischen Städten, zwischen 1939 und 1950 steigt die Bevölkerung Niederbayerns durch Flüchtlinge um ein Drittel auf über 1 Million Einwohner
1946	Wiedererrichtung des Freistaats Bayern; Gründung der Zahnradfabrik Passau
1948	Währungsreform
1949	Gründung der Bundesrepublik
1952	Gründung des Südostbayerischen Städtetheaters Landshut-Passau-Straubing; Gründung der „Europäischen Wochen" Passau
1954	Erste niederbayerische Bezirkstagswahl
1955	Errichtung des Bezirks Niederbayern als „dritte kommunale Kraft"; Wiedererrichtung der „Regierung von Niederbayern" als Verwaltungsbehörde; Sitz beider Einrichtungen ist Landshut
1966	Übernahme der Firma Glas in Dingolfing durch die BMW AG
1970	Einrichtung des Nationalparks Bayerischer Wald; bereits während der 60er-Jahre Entwicklung des niederbayerischen Bäderdreiecks
1972	Gemeinde- und Gebietsreform; aus 22 Landkreisen und vier kreisfreien Städten werden neun Großlandkreise und drei kreisfreie Städte; der Altlandkreis Kötzting wird oberpfälzisch
1989	Fall des „Eisernen Vorhangs"; Niederbayern rückt wieder in die Mitte Europas und entwickelt enorme wirtschaftliche Dynamik
2006	Mit 1,2 Millionen Menschen hat Niederbayern so viele Einwohner wie nie zuvor
2009	Eröffnung des Neubaus des Wissenschaftszentrums Straubing, in dem sich fünf bayerische Hochschulen mit der Nutzung und Verwertung nachwachsender Rohstoffe beschäftigen
	Niederbayern eröffnet im Rahmen des Regionalmarketings als erster bayerischer Bezirk eine eigene „Botschaft" in München

Niederbayerische Herzöge

(Regierungssitz wenn nicht anders ausgewiesen: Landshut)

Otto I.	von Wittelsbach regiert von Kelheim aus ganz Bayern	1180–1183
Ludwig I.	der „Kelheimer", Gründer Landshuts, regiert ganz Bayern	1183–1231
Otto II.	der „Erlauchte" regiert ganz Bayern	1231–1253
Heinrich XIII.	regiert mit seinem Bruder Ludwig II. gemeinsam	1253–1255
	nach *Erster Landesteilung* erster Herzog von Niederbayern	1255–1290
Ludwig III.	(gemeinsam mit Stephan I. und Otto III.)	1290–1296
Stephan I.	(gemeinsam mit Ludwig III. und Otto III.)	1290–1309
Otto III.	als Bela V. König von Ungarn 1305–1307	1290–1312
Heinrich XIV.	regiert in Landshut	1309–1339
Otto IV.	regiert in Burghausen	1309–1334
Heinrich XV.	der „Natternberger" regiert in Deggendorf	1312–1333
Johann I.	das Kind (Sohn Heinrichs XIV.)	1339–1340

(1340–1347 Wiedervereinigung Bayerns unter Kaiser Ludwig dem Bayern; unter dessen Söhnen 1347 *Zweite Landesteilung* in die Herzogtümer Oberbayern-München, Niederbayern-Landshut und Niederbayern-Straubing)

Teilherzogtum Bayern-Straubing

Wilhelm I.	von Niederbayern-Straubing-Holland	1347–1358
Albrecht I.	(Bruder Wilhelms)	1347–1404
Albrecht II.	der Jüngere (Sohn Albrechts I.)	1387–1397
Johann III.	(Bruder Albrechts II.)	1404–1425

(nach Johanns Tod Aufteilung des Straubinger Ländchens unter den Linien Landshut, Ingolstadt und München)

Teilherzogtum Bayern-Landshut

Stephan II.	von Niederbayern-Landshut (regiert ab 1363 ganz Bayern)	1347–1375
Friedrich	regiert ganz Bayern mit seinen Brüdern Stephan III. und Johann II.	1375–1392
	nach *Dritter Landesteilung* in Bayern-Landshut, Bayern-München und Bayern-	1392–1393

	Ingolstadt Friedrich Herzog von Bayern-Landshut	
Heinrich XVI.	der Reiche, erwirbt Bayern-Ingolstadt 1447	1393–1450
Ludwig IX.	der Reiche, gründet 1472 die Landesuniversität Ingolstadt	1450–1479
Georg	der Reiche, bleibt ohne männliche Erben	1479–1503
Elisabeth	Tochter Georgs, regiert mit ihrem Gemahl Ruprecht von der Pfalz	1503–1504

(nach dem Landshuter Erbfolgekrieg 1504–1506 Wiedervereinigung Bayerns unter Münchner Führung)

Herzogliche Mitregenten in Landshut

Ludwig X.	Bruder des in München regierenden Wilhelm IV.	1514–1545
Albrecht V.	Thronfolgerjahre in Landshut 1547–1550	1550–1579
Wilhelm V.	Thronfolgerjahre in Landshut 1568–1579	1579–1597

Regierungspräsidenten

(seit der Errichtung des Regierungsbezirks Niederbayern 1837)

Hermann von Beisler	1838–1843
Friedrich Freiherr von Wulffen	1843–1846
Johann Baptist von Zenetti	1846–1847
Karl Freiherr von Künsberg	1847
Johann Baptist von Zenetti	1847–1849
Karl Freiherr von Schrenk	1849–1851
Wilhelm von Benning	1852–1854
Alois August von Schilcher	1854–1866
Gustav von Hohe	1866–1871
Felix Friedrich von Lipowsky	1871–1895
Ludwig Freiherr Fuchs von Bimbach und Dornheim	1895–1900
Ludwig Ritter von Meixner	1901–1902
Rudolf Freiherr von Andrian-Werburg	1902–1914
Ferdinand von Pracher	1914–1923
Friedrich von Chlingensperg auf Berg	1923–1929
Dr. Heinrich Wirschinger (seit 1932 in Regensburg)	1929–1934
Franz Schwede (Regensburg)	1934
Wilhelm Freiherr von Holzschuher (Regensburg)	1934–1939
Dr. Friedrich Wimmer (Regensburg)	1939–1943
Gerhard Bommel (Regensburg)	1943–1945
Dr. Ernst Falkner (Regensburg)	1945

Dr. Franz Wein (Regensburg)	1945–1952
Dr. Josef Ulrich (Regensburg)	1952–1959
Ludwig Hopfner (Landshut)	1959–1963
Johann Riederer	1963–1975
Dr. Gottfried Schmidt	1975–1987
Dr. Herbert Zeitler	1987–1992
Dr. Friedrich Giehl	1992–1998
Dr. Walter Zitzelsberger	1998–2007
Heinz Grunwald	seit Mai 2007

Quelle: www.regierung.niederbayern.bayern.de

Bezirkstagspräsidenten seit 1945

Wilhelm Schönhuber	1954–1958
Franz Graf von Spreti	1958–1962
Josef Haufellner	1962–1970
Karl Freiherr von Moreau	1970–1978
Sebastian Schenk	1978–1998
Manfred Hölzlein	seit 1998

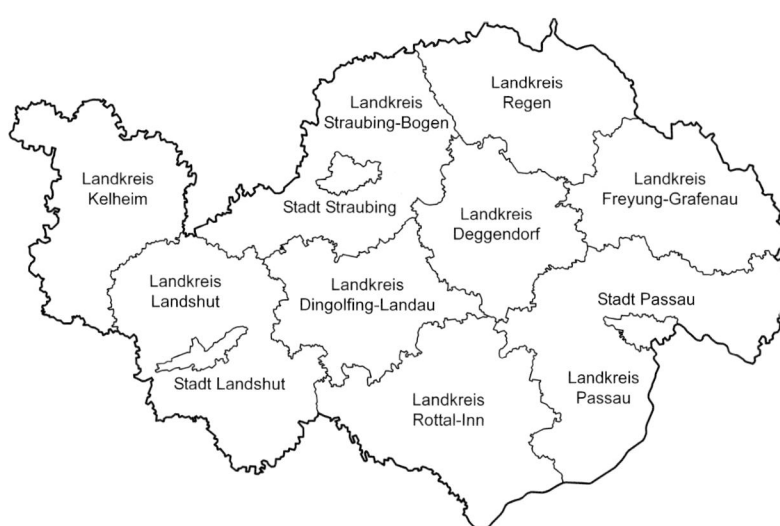

Der heutige Regierungsbezirk Niederbayern. Seit der Landkreisreform vom 1. Juli 1972 gliedert sich der Regierungsbezirk Niederbayern in neun Landkreise und drei kreisfreie Städte.

Dank

Auch über 25 Jahre nach ihrem Erscheinen bleibt die große zwei-bändige Kulturgeschichte des bayerischen Unterlandes von Hans Blei-brunner das Standardwerk zur Geschichte Niederbayerns. Dem außer-ordentlich detailreichen Werk ist nach wie vor jede aktuelle Darstellung dieser Geschichte verpflichtet. Allerdings hat es im vergangenen Vier-teljahrhundert zahlreiche neue Erkenntnisse gegeben, vor allem, was die Vor- und Frühgeschichte Niederbayerns betrifft. In diesem Zusam-menhang gilt der Dank Dr. Bernd Engelhardt, Leiter des Referats Niederbayern/Oberpfalz, des Bayerischen Landesamts für Denkmal-pflege für zahlreiche Hinweise und vielfältige Unterstützung.

Ausdrücklich bedanken möchte ich mich beim Verlag Friedrich Pustet, von dem die Anregung zu dieser „Kleinen Geschichte Nieder-bayerns" stammt, und bei all den vielen Bildleihgebern: Archiven, Museen, Klöstern, Wirtschaftsunternehmen und Fotografen.

Literatur in Auswahl

Becker, H., Mittelneolithische Kreisgrabenanlagen in Niederbayern und ihre Interpretation auf Grund von Luftbildern und Bodenmagnetik, Vorträge 8. Niederbayerischer Archäologentag, 139–176, Deggendorf 1990.

Bleibrunner, H. Niederbayerische Heimat, 7. Aufl., Landshut 1969

Bleibrunner, H., Niederbayern. Kulturgeschichte des bayerischen Unterlandes in zwei Bänden, hg. v. Bezirkstag v. Niederbayern, 3. Aufl., Landshut 1993

Böck, E., Sagen aus Niederbayern, 3. Aufl., Regensburg 1996

Boshof, E./Hartinger, W./Lanzinner, M., Geschichte der Stadt Passau, Regensburg 2003

Czysz, W./Fischer, Th., Die Römer in Bayern, Stuttgart 1995

Dannheimer, H./Dopsch, H., Die Bajuwaren. Von Severin bis Tassilo 488–788 (= Katalog zur Gemeinsamen Landesausstellung des Freistaates Bayern und des Landes Salzburg Rosenheim/Bayern und Mattsee/Salzburg, 19. Mai bis 6. November 1988), München und Salzburg 1988

Dannheimer, H./Gebhard, R., Das keltische Jahrtausend (Ausstellungskataloge der Prähistorischen Staatssammlung München), Mainz 1993

Engelhardt, B., Kurzer Abriss der Geschichte Niederbayerns von den Anfängen bis zu den Bajuwaren. Begleitheft zu der Wanderausstellung „Vom Reichtum der Geschichte in Niederbayerns Boden", o. O., o. J.

Eugippius, Vita Sancti Severini (lat./dt.), übers. u. hg. von Th. Nüsslein, Stuttgart 1999

Fischer, Th., Römer und Bajuwaren an der Donau. Bilder zur Frühgeschichte Ostbayerns, Regensburg 1988

Freitag, M., Kleine Regensburger Stadtgeschichte, 3. Aufl., Regensburg 2007

Glaser, H. (Hg.), Wittelsbach und Bayern, Katalog der Wittelsbacher Ausstellungen in Landshut und München, Bde. I–III (in sechs Teilbänden), München und Zürich 1980

Haller, H., Das Turmkränzlein. Die Sagen der Stadt Landshut, in: Niederbayerische Hefte 106, 2. erweiterte Auflage, Regensburg o. J.

Hartmann, P. C., Bayerns Weg in die Gegenwart, 2. Aufl., Regensburg 2005

Hartung, W., Süddeutschland in der frühen Merowingerzeit. Studien zu Gesellschaft, Herrschaft, Stammesbildung bei Alamannen und Bajuwaren, in: Vierteljahresschrift für Sozial- und Wirtschaftsgeschichte, Beiheft Nr. 73, Wiesbaden 1983

Hausberger, K./Hubensteiner, B., Bayerische Kirchengeschichte, München 1985

Kirmeier, J., Die Juden und andere Randgruppen. Zur Frage der Randständigkeit im mittelalterlichen Landshut, Landshut 1988

Kolmer, L., Machtspiele. Bayern im frühen Mittelalter, Regensburg 1990

Kraus, A., Geschichte Bayerns. Von den Anfängen bis zur Gegenwart, München 1983

Menghin, W., Frühgeschichte Bayerns. Römer und Germanen – Bayern und Schwaben – Franken und Slawen, Stuttgart 1990

Moosbauer, G., Kastell und Friedhöfe der Spätantike in Straubing. Römer und Germanen auf dem Weg zu den ersten Bajuwaren, in: Passauer Universitätsschriften zur Archäologie, Bd. 10, Rahden/Westfalen 2005

Pietrusky, U. (Hg.), Niederbayern. Zur Bevölkerungs- und Wirtschaftsgeographie eines unbekannten Raumes, Passau 1980

Pörnbacher H./Hubensteiner, B., Bayerische Bibliothek, Bde. I–VI, München 1978

Rall, H., Zeittafeln zur Geschichte Bayerns, München 1974

Rall, H. u. M., Die Wittelsbacher in Lebensbildern, Graz, Wien, Köln und Regensburg 1986

Sommer, C. Sebastian (Zusammenstellung), Archäologie in Bayern – Fenster zur Vergangenheit, hg. v. d. Gesellschaft für Archäologie in Bayern e. V. in Verbindung mit dem Bayerischen Landesamt für Denkmalpflege, Regensburg 2006

Spindler, M. (Hg.), Handbuch der Bayerischen Geschichte, Bde. 1–6, 2. überarb. Aufl., München 1981ff.

Spindler, M., Bayerischer Geschichtsatlas, Redaktion: Gertrud Diepolder, München 1969

Stadtarchiv Ingolstadt (Hg.), Bayern-Ingolstadt, Bayern-Landshut 1392–1506. Glanz und Elend einer Teilung, Ingolstadt 1992

Stauber, R., Herzog Georg von Bayern-Landshut und seine Reichspolitik, Kallmünz/Opf. 1993

Tausche, G./Ebermeier, W., Geschichte Landshuts, München 2003

Thoma, H., Landshut. Stadt, Herzogtum und Kaiserreich im 13. Jahrhundert, Landshut 2003

Ulbert, G./Fischer, Th., Der Limes in Bayern. Von Dinkelsbühl bis Eining, Stuttgart 1983

Weithmann, M. W., Kleine Passauer Stadtgeschichte, Regensburg 2004

Internetadressen

Allgemeine Adressen

www.niederbayern.de (mit zahlreichen Hinweisen zu Wirtschaft, Kultur, Freizeit u. a.)
www.regierung.niederbayern.bayern.de
www.bezirk-niederbayern.de
www.hv-niederbayern.de (Historischer Verein für Niederbayern)
www.phil.uni-passau.de/ostba/ (Institut für Ostbairische Heimatforschung)
www.archaeologie-in-bayern.de/museen/index.htm (Archäolog. Museen in Niederbayern)

Die Landkreise

www.landkreis-deggendorf.de
www.Ira-dgf.bayern.de (Landkreis Dingolfing-Landau)
www.landkreis-frg.de (Landkreis Freyung-Grafenau)
www.landkreis-kelheim.de
www.landkreis-landshut.de
www.landkreis-passau.de
www.landkreis-regen.de
www.rottal-inn.de
www.straubing.bynet.de/lk

Register

(*Kursive* Seitenzahlen verweisen auf Abbildungen)

Personen

Agilolfinger (Adelsgeschlecht) 42
Albrecht I. (1347–1404), Hzg. v.
  Bayern-Straubing 87 ff.
– II. (1387–1397), Hzg. v.
  Bayern-Straubing 88
– III. (1401–1460), Hzg. v.
  Bayern-München 96
– IV. (1447–1508), Hzg. v.
  Bayern-München 98, 103 ff.
– V. (1528–1579), Hzg. v. Bayern
  113, 115
Albrecht v. Johannsdorf (um
  1165–1210), Minnesänger) 63
Altdorfer, Albrecht (um 1480–
  1538), Maler 108
Altmann (um 1015–1091), Bf. v.
  Passau 61
Andechs-Meranien, Grafen v.
  60, 79
Apian, Peter (1495–1552), Astro-
  nom u. Geograph 112
– Philipp (1531–1589), Geograf
  u. Verleger 112, 114
Arnulf I. d. Böse († 937), bayr.
  Herzog 52 ff., 57
Asam, Cosmas Damian (1686–
  1739), Rokokobaumeister,
  Maler 129 f.
– Egid Quirin (1692–1750),
  Rokokobaumeister, Maler 129 f.
– Hans Georg (1649–1711), Fres-
  kenmaler 125, 129
Attila († 453), Kg. d. Hunnen 36
Augustus (63 v. Chr.-14 n. Chr.),
  röm. Ks. 29
Authari (um 540–590), Kg. d.
  Langobarden 43
Aventinus, Johannes (1477–1534),
  bayr. Geschichtsschreiber 98,
  108, *109,* 114

Babenberger (Adelsgeschlecht)
  57 ff., 132
Bernauer, Agnes (um 1410–1435),
  Baderstochter, Gem. Hzg. 96
Bocksberger, Hans (um 1510–vor
  1569), Renaissancemaler 107
Bogen, Grafen v. (Adelsgeschlecht)
  48, 58, 61, 74, 79
Bonifatius (672/675–754/755),
  angelsächs. Missionar 47
Bragadino, Marco A. (1545/50–
  1591), Alchemist u. Goldmacher
  116
Brentano, Bettine (1785–1859),
  verh. v. Arnim, romant. Schriftstellerin 143
– Clemens (1778–1842), romant.
  Schriftsteller 143
Breu, Simon (1858–1933), Komponist 171
Burghausen, Hans v. (um 1350/
  60–1432) Baumeister 88, 93 f.,
  93
Bussi, Carlo Antonio (1663–
  1737), Barockmaler 121

Caracalla (188–217), röm. Ks. 32
Carlone, Carlo Antonio (1635–
  1708), Passauer Dombaumeister
  121
–, Giovanni Battista († um 1717),
  Stukkateur 121
Carossa, Hans (1878–1956),
  Schriftsteller 160, 163, 175
Christ, Lena (1881–1920),
  Schriftstellerin 175
Claudius (10 v. Chr.–54 n. Chr.),
  röm. Ks. 29

Deifl, Joseph (1790–1864), Infanterist u. Autobigraf 140, 145

Deutsch, Mathes (15./16. Jh.),
Plattner u. Harnischmacher 112
Deutschmann, Joseph (17./
18. Jh.), Bildhauer 130
Dientzenhofer (Baumeisterfamilie)
129
Diepoldinger (Adelsfamilie) 60, 74,
79
Dieß, Wilhelm (1884–1957),
Schriftsteller 175
Diokletian (236/245–313/316),
röm. Ks. 34
Drusus (38 v. Chr.–9 v. Chr.),
röm. Feldherr 29

Ebersberg, Grafen v. (Adels-
geschlecht) 72
Eleonore v. Pfalz-Neuburg (1655–
1720), dt. Ksn. 124
Elisabeth v. Bayern (1478–1504),
Hzgn. v. Bayern-Landshut
102 ff.
Emmeram († 652), iroschott.
Missionar 46
Erhard († nach 700) iroschott.
Missionar 46
Ernst (1373–1438), Hzg. v.
Bayern-München 96
– (1500–1560), Hzg. v. Bayern,
Bf. v. Passau 108 f., 115
Eustasius (um 560–629) irisch-
gallischer Missionar 46

Feuerbach, Johann Anselm v.
(1755–1833), Jurist 142
Fischer, Johann Michael (1692–
1766), Barockbaumeister 129
–, Ottfried (* 1953) Kabarettist u.
Schauspieler 172
Frank, Hans († 1527), Reformator
u. Wiedertäufer 114
Franz I. v. Lothringen (1708–
1765), dt. Ks. 129
Fraunhofer, Joseph v. (1787–
1826) 138
Friedrich I. Barbarossa (um 1122–
1190), dt. Ks. 59, 71 f.
– II. (1194–1250), dt. Ks. 76
– III. (1415–1493), dt. Ks. 100 ff.

– d. Schöne (1289–1330), österr.
Hzg. 83 ff.
–, d. Weise (um 1339–1393),
Hzg. v. Bayern-Landshut 90

Garibald I. nach 500–um 593)
bayr. Herzog 42 f.
Geiger, Franz (1644–1691),
Rokokomaler 129
–, Willi (1878–1971), Maler u.
Grafiker 174
Georg d. Reiche (1455–1503),
Hzg. v. Bayern-Landshut
100 ff., 106, 115
Geza (um 940–997) ungar. Groß-
fürst 54
Gisela (um 980/984–160/1065)
sel., bayr. Prinz., Kgn. v.
Ungarn 54
Gönner, Nikolaus (1764–1827),
Professor u. Universitätsrektor
142
Grill, Harald (* 1951), Schrift-
steller 176
Großschedel, Franz (16. Jh.),
Plattner u. Harnischmacher 112
– Wolfgang (16. Jh.), Plattner u.
Harnischmacher 112
Günther, Ignaz (1725–1775),
Rokokobildhauer 130
Gustav II. Adolf (1594–1632),
Kg. v. Schweden 120

Hazzi, Joseph v. (1768–1845),
Agrarpolitiker, Reiseschriftsteller
154 f.
Hedwig v. Polen (1457–1502),
Hzgn. v. Bayern-Landshut
100 ff.
Heinrich I. (876–936), ostfränk.
Kg. 54
– II. (973/978–1024), dt. Ks.
(als H. IV. bayr. Hzg.) 58
– VI. (1165–1197), dt. Ks 66, 74
– XIII. (1235–1290), Hzg. v.
Niederbayern 70, 77, 79 ff.
– XIV. (1305–133), Hzg. v.
Niederbayern 83 ff.
– XV. d. Natternberger

(1312–1333), Hzg. v. Niederbayern 83 ff.
- XVI. d. Reiche (1386–1450), Hzg. v. Bayern-Landshut 91 ff.
- d. Löwe (1129–1195), bayr. Hzg. 59 f., 71, 75
- v. Riedenburg († 1189), Landgraf 73 f.
- Jasomirgott (1107–1177), babenb. Mkgf., bayr. Hzg. 59
Himmler, Heinrich (1900–1945), Politiker 158
Hitler, Adolf (1889–1945) 158 ff.
Hofhaimer, Paul (1459–1537), Renaissancemusiker 109
Huber, Wolf (1485–1553), Renaissancemaler 108 f.
Hucbert (um 690–736) bayr. Herzog 49
Hummel, Franz (* 1939), Komponist u. Pianist 172

Johann II. (1341–1397), Hzg. v. Bayern-München 90
- III. Ohnegnade (1374–1425), Hzg. v. Bayern-Straubing 88 f., 95
- v. Leuchtenberg († 1407), Straubinger Gubernator 88 ff.
Jonas, Bruno (* 1952), Kabarettist 172
Jorhan d. Ä., Christian (1727–1804), Rokokobildhauer 130
Joseph II. (1741–1790), dt. Ks. 132, 138

Konstantin d. Große (272/285–337), röm. Ks. 34
Karl I. d. Große (748–814), Frankenkg., Ks 50
- I. Albrecht (1697–1745), Kf. v. Bayern, als Karl VII. dt. Ks. 126 ff.
- II. Theodor (1724–1799), Kf. v. Bayern 132 f., 135 f.
Karlmann (830–880) fränk.-bayr. Kg. 51
Karolinger (Adelsgeschlecht) 51 f.

Koenig, Fritz (* 1924), Bildhauer 174
Konradin v. Hohenstaufen (1252–1268) 63, 80
Kraus, Mathias (1671–1706), bayr. Aufständischer 126, 127
Krumenauer (Baumeisterfamilie) 92 f.
Kubin, Alfred (1877–1959), Grafiker u. Schriftsteller 174 f.
Kutschenreuther, Erhard (1873–1946), Komponist 130
Kyrill v. Konstantinopel (1138–1234), Slawenmissionar 47

Lamberg, Philipp Graf v. (1723–1761), Bf. v. Passau, Kardinal 124
Lasso, Orlando di (1530/1532–1594), Renaissancekomponist 116
Leinberger, Hans (1473–1531), Bildhauer 108, 147
Lemberger, Georg (1490/1495–um 1540), Maler, Zeichner u. Holzschneider 108
Leopold I. (1640–1705), dt. Ks. 124
- IV. (um 1108–1141) Mgf. v. Österreich, Hzg. v. Bayern 59
- Wilhelm (1586–1632), Ehzg. v. Österr., Bf. v. Passau 120
Ludendorff, Erich (1865–1937), Politiker 158
Ludmilla v. Bogen (um 1170–1240), Hzgn. v. Bayern 74, 78 f.
Ludwig d. Deutsche (um 806–876), fränk.-bayr. Kg. 51
- d. Fromme (778–840), fränk.-bayr. Kg., Ks. 51
- d. Kind (893–911), fränk.-bayr. Kg. 52
- I. d. Kelheimer (1174–1231), bayr. Hzg. 73 ff., 78
- II. d. Strenge (1229–1294), bayr. Hzg. 77, 79 ff.
- IV. d. Bayer (1283–1347), bayr. Hzg., dt. Ks. 77, 82 ff.

- V. d. Brandenburger (1315–1361), bayr. Hzg. 87 ff.
- VII. d. Bärtige (1365–1447), Hzg. v. Bayern-Ingolstadt 95 ff.
- IX. d. Reiche (1417–1479), Hzg. v. Bayern-Landshut 56, 77, 97 ff., 136
- X. (1495–1545), Hzg. v. Bayern 105, *106,* 107, 114
- I. (1786–1868), Kg. v. Bayern 142 ff.
- II. (1845–1886), Kg. v. Bayern 151

Luitpold († 907), Mgf. v. Bayern 52

Lurago, Carlo (1615–1684), Passauer Dombaumeister 121

Luther, Martin (1483–1546), Reformator 109, 114

Mair v. Landshut (um 1450–1504), Kupferstecher 108, 112

Maria Theresia (1717–1780), dt. Ksn. 126

Mark Aurel (121–180), röm. Ks. 33

Maximilian I. (1459–1519), dt. Kg. u. Ks. 101 ff.
- I. (1573–1651), Hzg. u. Kf. v. Bayern 106
- II. Emanuel (1662–1726), Kf. v. Bayern 125 ff.
- III. Joseph (1727–1777), Kf. v. Bayern 129, 136
- IV. Joseph (1756–1826), Kf. v. Bayern, seit 1806 als M. I. Kg. v. Bayern 133, 136 ff.
- II. (1811–1864), Kg. v. Bayern 146, 151

Mayer, Wolfgang (1469–1544), Abt u. Humanist 111

Mayr, Dr. Martin († 1481), Humanist u. Landshuter Rat) 98, 108

Meier, Emerenz (1874–1928), Schriftstellerin 175, *176*

Merz, Anton (1681–1750), Barockmaler 129

Method (um 815–885), Slawenmissionar 47

Montgelas, Maximilian (1759–1838), bayr. Minister 133

Muffat, Georg (1653–1704), Komponist 124

Napoleon I. (1769–1821), Ks. d. Franzosen 112, 135, 140 f., 145

Neidhart v. Reuental (1. H. 13. Jh.), Minnesänger 63

Nerb, Franz Xaver (18./19. Jh.), Pfarrer v. Landau 141

Nero (37–68), röm. Ks. 29

Obermayr, Mathias (1719–1799), Rokokobildhauer 130

Odilo († 748), bayr. Herzog 47 f.

Odoaker (um 433–493), „Kg. v. Italien" 37, 39 f.

Öttingen, Grafen v. (Adelsfamilie) 97

Orff, Carl (1895–1982), Komponist 96

Ortenburg, Grafen v. (Adelsgeschlecht) 60, 115

Otto I. d. Große (912–973), dt. Kg., Ks. 54, 57
- I. v. Wittelsbach (um 1120–1183), bayr. Hzg. 72
- II. d. Erlauchte (1206–1253), bayr. Hzg. 76, 78
- III. (1261–1312), Hzg. v. Niederbayern, Kg. v. Ungarn 81 ff., *82*
- IV. (1307–1334), Hzg. v. Niederbayern 83 ff.
- v. Lonsdorf (um 1200–1265), Bf. v. Passau 70

Ottheinrich (1502–1559), Pfalzgf. v. Pfalz-Neuburg 104, 115

Ottokar I. (1155–1230), Hzg. u. Kg. v. Böhmen 74, 86 f.

Paminger, Leonhard (1495–1567), Renaissancemusiker 109, 114

Parler (Baumeisterfamilie) 93

Philipp d. Streitbare (1503–1548), Pfalzgf. v. Pfalz-Neuburg 104

Pilgrim (um 920–991), Bf. v. Passau 54, 66
Plinganser, Sebastian (1680–1738), bayr. Aufständischer 126

Rauchmiller, Matthias (1645–1686), Barockmaler 121
Rauscher (Barockmalerfamilie) 129
Reidel, Marlene (* 1923), Kinderbuchautorin, Malerin 175
Reinbot v. Durne (um 1230), Minnesänger 64
Renata v. Lothringen (1544–1602), Hzgn. v. Bayern 116
Roider, Jakob (1906–1975), Volkssänger 172
Romano, Giulio (1499–1546), Renaissancearchitekt 107
Romulus Augustulus (um 460–nach 511) röm. Ks. 37
Rörer, Georg (1492–1557), Reformator 114
Röschlaub, Johann Andreas (1768–1835), Universitätsprof., Arzt 142 f.
Rottmayr, Johann Michael (1654–1730), Barockmaler 121
Rudolf I. v. Habsburg (1218–1291), österr. Hzg., dt. Kg. 81
Rumpler, Angelus (1460/1462–1513), Abt u. Humanist 111
Ruprecht d. Tugendhafte v. d. Pfalz (1481–1504), Hzg. v. Bayern-Landshut 10 ff.

Sachs, Hans (1494–1576), Meistersinger 64
Sailer, Johann Michael (1751–1832), Universitätsprof. u. Bf. v. Regensburg 142
Salm, Wolfgang Graf zu (1515–1555), Bf. v. Passau 109
Sandtner, Jakob (16. Jh.), Drechslermeister u. Modellbauer 113
Savigny, Friedrich Karl v. (1779–1861), Rechtshistoriker 143
Schelling, Friedrich Wilhelm v. (1775–1854), Philosoph 142

Schikaneder, Emanuel (1751–1812), Autor, Schauspieler, Regisseur 131
Schmidl, Ulrich (um 1510–um 1579), Entdecker 111, 117
Sckell, Ludwig (1750–1823), Gartenarchitekt 134
– Matthäus (1760–1816), Gartenarchitekt 134
Sedlmayr, Hans († 1527), Reformator u. Wiedertäufer 114
Senfl, Ludwig (um 1486–1542/43), Renaissancekomponist 109
Severin († 482), Mönch, Heiliger 35 ff., 45
Sighart, Joachim (1824–1867), Philosoph u. Kunsthistoriker 147
Slevogt, Max (1868–1932), Maler u. Grafiker 174
Stephan I. (969–1038), Kg. v. Ungarn 54
– I. (1271–1310), Hzg. v. Niederbayern 82 f.
– II. (1319–1375), Hzg. v. Niederbayern 87 ff.
– III. d. Kneißl (um 1338–1413), Hzg. v. Bayern-Ingolstadt 90
Strasser, Gregor (1892–1934), Apotheker u. Politiker 158 f., *158*
– Otto (1897–1974), Journalist u. Politiker 158 f.
Straub, Johann Baptist, (1704–1784), Rokokobildhauer 130
Strauß, Franz Josef (1915–1988) *173*, 174
Stuck, Franz v. (1863–1928), Maler *153*, 154
Sustris, Friedrich (um 1540–1599), Renaissancearchitekt, Maler 116

Tannhäuser (um 1200–um 1265), Minnesänger 64
Tassilo I. († um 610), bayr. Herzog) 43
– III. (um 742–nach 794), bayr. Hzg. 49 ff.

195

Tencalla, Carpoforo (1623–1685), Barockmaler 121

Theodelinde (um 570/575–nach 626) Kg. d. Langobarden 43

Theoderich d. Große (um 451–526), Kg. d. Ostgoten 40 ff.

Theodo († 717), bayr. Hzg. 47

Theudebert (um 500–547/548), Kg. d. Franken 42

Thoma, Ludwig (1867–1921), Schriftsteller 175

Thurmair, Johannes, s. Aventinus

Tiberius (42 v. Chr.–37 n. Chr.), röm. Feldherr 29

Tilly, Johann Tserclaes v. (1559–1632), bayr. Feldherr 120

Trenck, Franz Frhr. v. d. (1711–1749), Pandurenoberst 128

Ulrich v. Andechs († 1221), Bf. v. Passau 69

Vento, Ivo de (viell. 1543–1575), Renaissencekomponist 116

Viscardi, Giovanni Antonio (1645–1713), Baumeister 125

Visconti (ital. Adelsfamilie) 90 f.

Vivilo (viell. 739–um 745), Bf. v. Passau 47

Vornbach, Grafen v. (Adelsgeschlecht) 60

Wagner, Ferdinand (1847–1927), Historienmaler 152

Walther v. d. Vogelweide (um 1170–1228), Minnesänger 64

Welf I. (um 1030/1040–1101), bayr. Hzg. 59

Welfen (Adelsgeschlecht) 59

Wening, Michael (1545–1718), Kupferstecher, Verleger 125

Werner d. Gärtner (13. Jh.), Chorherr u. Dichter 63

Weyssenburger, Johann (1465–1535), Buchdrucker u. Verleger 112

Wilhelm I. (1333–1389), Hzg. v. Bayern-Straubing 87 ff.

– IV. (1493–1550), Hg v. Bayern 105 ff.

– V. d. Fromme (1548–1626), Hzg. v. Bayern 115 ff.

Wilhelm v. Birkenfeld (1752–1837), Pfalzgraf, Herzog 133, 135

Wimmer, Hans (1907–1992), Bildhauer 174

Wimschneider, Anna (1919–1993), Autobiografin 176

Witigis († 542), Kg. d. Ostgoten 42

Wittelsbacher (Gf. v. Scheyern, Adelsgeschlecht) 58, 60, 71 ff.

Wolfger v. Erla (um 1140–1218), Bf. v. Passau 66 ff.

Wolff, Andreas (1652–1716), Barockmaler 121

Würzelburger, Augustin († 1528), Reformator u. Wiedertäufer 114

Wurm, Hans (15./16. Jh.), Seidensticker u. Verleger 112

Ziegler, Jakob (1470/1471–1549), Humanist u. Universalgelehrter 109 f., *110*, 114

Zimmermannn, Johann Baptist (1680–1758), Barockbaumeister, Maler u. Stukkateur 129

Zimmerschied, Siegfried (* 1953), Kabarettist 172

Orte

Abensberg 19, 60, 77, 90, 108, 119, 140, 147

Aidenbach 126

Aiterhofen 43, 61

Aldersbach 129

Altdorf 21

Altheim 20 f., 41, 46

Altmühl/Altmühltal 14

Altötting 9, 104

Amsterdam 87

Andechs 60
Arnhofen 19
Arnstorf 149
Aufhausen 23, 43

Bad Abbach 17, 76, 168, *169*
Bad Birnbach 25, 168
Bad Füssing 168
Bad Gögging 32, 44, 61 f., 168
Bad Griesbach 77, 130, 154, 168
Bad Kötzting 146, 168
Bad Reichenhall 80
Baiersdorf 24
Bamberg 60
Baumgarten 90
Bayerisch-Eisenstein 146
Bayerischer Wald 11 ff., 21, 120,
     128, 146, 148 ff., 164, 168
Bayreuth 160
Biburg 61 f., 119
Bogen 77, 169
     -Bogenberg 25, 44, 53, 131
Braunau 77, 118, 126, 132, 159
Braunschweig 59
Brotjacklriegel 48
Bruckberg 60
Burghausen 76, 86, 97, 103 f.,
     105, 113, 126, 132

Cham 21, 76 f., 86, 126, 128

Deggendorf 58, *59,* 77, 86 f., 114,
     118, 128 f., 131, 147, 153,
     161 f., 167, 169
Delft 87, 89
Den Haag 89
Dietfurt 87
Dingolfing 43, 77, 86, 118, 128,
     140, 148, 166, 169, 178
Donau/Donautal/Unterdonau-
     kreis 9, 13 ff., 29, 37, 52 f.,
     55 f., 61, 64, 72, 87, 126, 139,
     144, 155 f.
Dordrecht 87
Dorfen 77, 132

Ebersberg 72
Eberspoint 60
Eggenfelden 53, 77, 118

Eggmühl 140
Eining 29 f., *31,* 34 ff., 44
Engelhartszell 35
Erding 9, 76, 118, 132
Ergolding 21
Ering 60
Erneck 90
Essenbach 44
Essing, Altessing 14, *15,* 16, 140 f.

Falkenstein 60
Fraunhofen 60
Freising 47, 60, 70, 76, 147, 169
Freyung 12, 68, *68*
Friesland 87
Frontenhausen 60, 147
Fürsteneck (Burg) 68
Fürstenzell 129
Furth im Wald 80, 146

Ganslberg 174
Gammelsdorf 84
Gangkofen 60, 94
Gäuboden/Dungau 13
Geiselhöring 19, 21, 77, 146
Geisenhausen 60, 150
Gneiding-Oberpöring 19
Goldern 56
Gotteszell 129
Grafenau 88, 124, 146, 150

Haag 60
Haarlem 87
Hader 25
Hadersbach 21
Hallertau 57, 150, *151*
Hals 60, 88
Hauzenberg 68, 149
Hengersberg 23, 176
Hennegau 87
Hienheim 30
Holland 87

Ingolstadt 84, 90 ff., 99, 119,
     136 ff.
Inn/Inntal 9, 11, 13, 17, 37, 53,
     56, 80, 113, 126 f.
Innviertel 9, 132
Irnsing 14

Isar/Isartal/Isarkreis 9, 13, 24, 55 ff., 126, 128, 139
Isen/Isental/Isengau 56, 80

Julbach 90

Kachlet 165, *165*
Kelheim 13, 55, 72 ff., *73,* 77, 80, 87, 126 f., 168 f.
-Michelsberg 27, 144, *145*
Kiew 55
Kirchberg 60
Kirchmatting 34
Kitzbühl 73, 104
Kößlarn 131
Kopfham (Galgenberg) 21, *22*
Kothingeichendorf 19 f.
Kraiburg 77
Krems 55
Kremsmünster (Stiftsabtei) 49 f.
Kröning 148
Kropfmühl 27, 148
Kühbach (Kloster) 49
Künzing 22 f., 44, 55
-Römerkastell 30, 32, 34 f. 36 ff., 168
Kufstein 73, 104

Lalling 48
Lam 146
Landau 19, 23, 76 f., 86, 104, 128, 169
Landshut 18, 21, 24, 30, 47, 56, 72, 74–78, *75,* 84, 86, 89 ff., 105, 112 f., 118 ff., *119,* 124 ff., 130 ff., 135 ff., 140, 142 ff., 146 ff., 152 ff., 158 ff., 161 ff., 163, 166 f., 169, 174, 178
– Burg Trausnitz 62 f., 75 f., 116 f., 157
– Dominikanerkloster 136, *137*
– Seligenthal (Abtei) 62, 76, 78
Leiden 87
Leonberg 60, 90
Linz 55, 84
Loiching 57
Lüttich 89

Mainburg 127, 147

Mallersdorf 61, 168
Mantua 107
Marktl am Inn 90
Massing 77
Mauerkirchen 132
Meisternthal 19
Metten 48, 137, 144
Moos-Burgstall 30
Moosburg 60, 77, 118, 132
Mühldorf 84 f., *86*
München 34, 57, 72, 75, 80, 84, 90 ff., 105, 113, 126 f., 132, 136, 139, 144, 146, 153 f., 157, 175
Münchshöfen 20 f.
Münchsmünster 25, 49

Neuburg am Inn 60
Neumarkt-St. Veit 77
Neustadt a. d. Donau 20, 25, 29 f., 77, 147, 163
Niederaltaich (Abtei) 48 ff., *49,* 61, 63, 75, 129, 137
Niederaichbach 56, 165
Niedernburg (Abtei) 49, 54
Niederviehbach 57
Niedererlbach 26

Oberaltaich 61, 121, *122,* 131
Oberlauterbach 18
Oberwittelsbach 72
Ortenburg 60, 74, 76, 79, 115, *117*
Osterhofen 19, 43, 49, 60, 88, 129

Passau 9, 25, 35 ff., 38, 43, 45, 48, 55, 58 f., 61, 66 ff., 69 f., *70,* 95, 112 f., 115, 117 f., 121 f., 125 ff., 131, 139, 144, 146 f., 152 ff., 159, 161, 164 f., 167, 169, 172 ff.
– Batavis 30, 33, 37
– Boiodurum/Boitro 27, 30, 38
– Abtei Niedernburg 48 f., 54, 61 f., 66 ff., 137
– St. Nikola *62*
Pfaffmünster (Kloster) 48 f., 61
Pfarrkirchen 53, 77, 86, 167, 176
Pfeffenhausen 77, 147, 150

Plattling 56 f., 61, 77, 128, 146 f., 161, 167
Pleinting 25
Pöchlarn 57
Pocking 162, 167 f.
Prag 93, 127
Pressburg 52

Rabenstein 148
Raitenhaslach (Kloster) 97
Ramsdorf-Wallerfing 19
Ranshofen (Innviertel) 63
Rattenberg 73, 90, 104
Ratzenhofen 60
Regen (Stadt) 77, 169
Regen/Regental/Regenkreis 48, 74, 139, 146
Regensburg 13, 30, 33, 36, 39, 42 f., 46 f., 50, 55, 58 ff., 62, 70, 72, 74, 76, 92, 120, 137, 139, 146 f., 163, 167, 169
Reichenau (Kloster) 48
Reisbach 43 f., 52, 60, 147, 173
Ried im Innkreis 132, *133*
Riedenburg 24, 60, 63, 73, 169, 172
Rinchnach 48, 129
Ringelai 124
Rittsteig b. Passau 175
Rohr 129, *130*
Roning 60
Rott/Rottal 17, 53, 60, 126, 167, 169
Rotthalmünster 49, 167
Rottenburg a. d. Laaber 18, 49, 60, 77, 168 f.
Rotterdam 87
Rusel 48

Salzach 13
Salzburg 30, 47, 60, 70, 80, 92
Sammarei 131
Schärding 60, 86 f., 118, 126 f., 132
Scheyern 60, 72, 78
Schmiedorf 19
Schweiklberg (Kloster) 160
Seeland 87

Siegenburg 147
Simbach 90
St. Pölten 55
Staubing 45
Stefling 60
Steinachmünster (Kloster) 49
Steinkirchen 30
Stephansposching *17*, 53
Straubing 13, 20, 34 f., 36, 38, 41, 43, 61 f., 76 f., 84, 86 ff., *89,* 111, 113, 117 ff., 120, 125 ff., 129, 131 f., 146 f., 153, 161 ff., *161,* 167, 169, 171, 178
-Sorviodurum 27, 30, 32
Suben 60
Süßbach 57

Tann 90
Teisbach 90
Tettenweis 154

Valenciennes 87
Velden 43, 49, 60, 77
Viecht 19, 41
Viechtach 77, 167
Vils/Vilstal 17
Vilsbiburg 77, 118, 147 f.
Vilshofen 13, 76 f., 86, 118, 127, 147, 160 f., 173 f.
Vornbach 60

Waldkirchen 68, 163, 175
Waldmünchen 128, 146
Wasserburg 60
Weltenburg 13, *45,* 46, 49, 51, 55, 129, 137, 144
-Frauenberg 25, 45, 53
Weng 162
Wien 55, 63, 113, 131
Windberg 61 f.
Wolfstein b. Freyung (Burg) 68, *68*
Wolfstein b. Landshut (Burg) 63, 80

Zeilarn 57
Zeitlarn b. Regensburg 57
Zwiesel 77, 148 f.

Bildnachweis

akg-images, Berlin: S. 169
Archiv Bernhard Steibl, Kelheim: S. 73
Bayerisches Hauptstaatsarchiv München: S. 68, 109
Bayerisches Landesamt für Denkmalpflege München – Luftbildarchäologie: S. 31 (Foto: Otto Braasch, Aufnahmedatum 10. 12. 1980, Archivnr. 7136/075, Dia 1103–18)
Bayerisches Landesamt für Denkmalpflege München / Universität Exeter: S. 22
Bayerische Staatsbibliothek München: S. 10, 49, 65, 67
Bayerische Staatsgemäldesammlungen München, Staatsgalerie in der Katharinenkirche Augsburg: S. 82
Benediktinerabtei Rohr: S. 130
Benediktinerabtei Weltenburg: S. 45
Bildarchiv Foto Marburg: S. 106
BMW AG: S. 166
Nach: Alfons Beckenbauer, Begegnung mit Landshut, Regensburg 1979: S. 93
Nach: Egon Boshof, Max Brunner, Elisabeth Vavra (Hg.), Grenzenlos. Geschichte der Menschen am Inn, Regensburg 2004: S. 117 (Privatbesitz Graf zu Ortenburg, Tambach), 133
Nach: Hans Bleibrunner, Niederbayern. Kulturgeschichte des bayerischen Unterlandes in zwei Bänden. Band II, Landshut 1993: S. 127
Regierung von Niederbayern: S. 186
Sammlung Institut für Ur- und Frühgeschichte Universität Erlangen-Nürnberg: S. 15
Staatliche Bibliothek Passau: 176
Staatliche Münzsammlung München: S. 56, 98
Stadtarchiv Landshut: S. 119, 137
Stadtarchiv Straubing, Allgemeine Fotosammlung: S. 161
ullstein bild, Berlin: S. 86, 110, 145, 151, 153, 158, 165, 173
Verlagsarchiv: S. 59, 70, 75, 89, 122–123